BEI GRIN MACHT SICH IHR
WISSEN BEZAHLT

- Wir veröffentlichen Ihre Hausarbeit,
  Bachelor- und Masterarbeit

- Ihr eigenes eBook und Buch -
  weltweit in allen wichtigen Shops

- Verdienen Sie an jedem Verkauf

Jetzt bei www.GRIN.com hochladen
und kostenlos publizieren

Anne Schumacher

Godard und die Krise des Subjekts

Eine Untersuchung (post–)strukturalistischer Aspekte in Godards Alphaville

GRIN Verlag

Bibliografische Information der Deutschen Nationalbibliothek:

Die Deutsche Bibliothek verzeichnet diese Publikation in der Deutschen National-
bibliografie; detaillierte bibliografische Daten sind im Internet über http://dnb.d-
nb.de/ abrufbar.

Impressum:

Copyright © 2013 GRIN Verlag GmbH
Druck und Bindung: Books on Demand GmbH, Norderstedt Germany
ISBN: 978-3-656-48351-9

Dieses Buch bei GRIN:

http://www.grin.com/de/e-book/232356/godard-und-die-krise-des-subjekts

Godard und die Krise des Subjekts

Eine Untersuchung (post–)strukturalistischer
Aspekte in Godards Alphaville

Bachelorarbeit

Fachbereich 9: Kulturwissenschaften
Hauptfach Kunstwissenschaft/Kunstpädagogik
Nebenfach Kulturwissenschaft
Universität Bremen zur Erlangung des akademischen Grades

Bachelor of Arts
(B.A.)

vorgelegt von **Anne Schumacher**

eingereicht am 10. Mai 2013

Inhaltsverzeichnis

1 Einleitung

„Ich denke, also ist das Kino!"[1]

Wo soll man beginnen wenn man über Jean–Luc Godard schreiben will? Diese Frage stellt James Monaco zu Beginn seines Essays über den Filmemacher (vgl. Monaco, 1981, S. 98). Nicht ohne Grund ist es wohl Godard, bei welchem er diese Schwierigkeiten offen benennt, nicht Truffaut, Rohmer, Rivette oder Chabrol, welchen als berühmtesten Mitgliedern der „Nouvelle Vague" ebenfalls jeweils ein Kapitel in *The New Wave* von 1981 gewidmet ist. Einen Anfang mit Godard zu finden ist schwer, nicht nur wenn man über ihn schreiben möchte. Seine Filme anzuschauen bedeutet sich bemühen, da sie „sich nicht einem vorgängigen Verstehen anbiedern, sondern gelesen werden müssen" (Freybourg, 1996, S. 13). Die Literatur zu ihm ist umfassend. Monaco schrieb bereits 1976, es sei mehr über Godard geschrieben worden, als über irgendeinen anderen zeitgenössischen Filmemacher (Bergmann ausgeschlossen) (vgl. Monaco, 1981, S. 100). Godards Werk oder Teile seiner Arbeit im buchstäblichsten Sinne „lesbar" zu machen ist ein kompliziertes Unterfangen. Am Schreibstil, den Formulierungen, der Sprache erkennt man oft, wie sich die Autoren an ihm abarbeiten. Ähnlich soll es mir nun ergehen. Doch der Anfang ist gemacht.

1.1 Kennen Sie Jean–Luc Godard?

Als Jean–Luc Godard fünfzig Jahre alt war sagte er: „[I]ch glaube, ich bin mit meinem Leben fertig, mir bleiben vielleicht noch dreißig Jahre, und jetzt möchte ich von den Zinsen meines Lebens leben." (Godard, 1981, S. 15). Offensichtlich hat dies zu keinem Zeitpunkt bedeutet, dass er sich aus dem Arbeitsleben zurückziehen wollte. Bis heute macht Godard Filme. Der Letzte, *Film Socialisme*, erschien 2010. Im selben Jahr erhielt Godard einen Ehren–Oscar für sein Lebenswerk (vgl. Vahabzadeh, 2012). Eine wahrhaft ungewöhnliche Auszeichnung für Jean–Luc Godard, dessen Filme nie das ganz „große" Publikum erreicht haben. Bekannt sind sie eher dem kritischen Publikum, den Cineasten, den Intellektuellen, den Filmstudenten und Professoren, als den regulären Kinobesuchern. Nach seinem ersten Spielfilm *À bout de souffle* von 1959, so betont es Godard immer wieder selbst, habe er keinen kommerziellen Erfolg mehr erfahren.[2] 1981 sagt er über ein unlängst abgeschlossenes Projekt für das französische Fernsehen FR3: „Immerhin waren es zweihundert bis

---

[1]Godard in „Kritiker. Ausgewählte Kritiken und Aufsätze über Film (1950–1970) 1971, München, in Sentürk, 2007, S.247.

[2]„Es war mein einziger Spielfilm, der wirklich Erfolg gehabt hat, der Geld eingespielt hat, mit dem der Produzent Geld verdient hat, und zwar nicht wenig, das Zehn- bis Zwanzigfache" (Godard, 1981, S. 25).

1

zweihundertfünfzigtausend Zuschauer, und soviel habe ich sonst nie gehabt." (Godard, 1981, S. 182). Über *Les Carabiniers* resümierte er, dieser sei ein großer Misserfolg gewesen, da ihn sich „in fünfzehn Tagen nur achtzehn Leute angeschaut haben" (Godard, 1981, S. 81). Der Oscar, als die höchste kommerzielle Auszeichnung die es im Filmgeschäft zu vergeben gibt, passt irgendwie nicht zu Godard.[3]

Doch warum hat Godard es nie vermocht das große Publikum für seine Filme zu begeistern? Obwohl in der Absicht gemacht von vielen gesehen zu werden, blieben sie bei den gewöhnlichen Kinogängern unbeliebt.[4] Eine Antwort auf diese Frage liegt in Godards Arbeitsweise, welche ich in dieser Arbeit anhand seines Filmes *Alphaville, une étrange aventure de Lemmy Caution* von 1965 anschaulich machen möchte.

1.2 Begründung des Themas und Vorgehen

Jean–Luc Godards Filme stehen in vielerlei Hinsicht in einem kulturhistorischen Kontext. In ihnen reflektiert er nicht nur über zum Beispiel die Geschichte des Kinos und Politik, sondern greift auch zahlreiche philosophische und wissenschaftliche Erkenntnisse unseres modernen Zeitalters auf. Godard bemüht sich hierbei um eine kritische Reflektion der modernen Gesellschaft, indem er die modernen Diskurse aufgreift, transformiert und aus ihnen einen neuen subjektiven, filmischen Diskurs entwickelt.

Das grundlegende Thema der folgenden Arbeit ist, inwiefern sich in Godards frühen Filmen spezifische Aspekte moderner und postmoderner Ideen erkennen lassen. Dies soll anhand einer vertieften Auseinandersetzung mit dem Film *Alphaville, une étrange aventure de Lemmy Caution* von 1965 geschehen. Ein besonderes Augenmerk richtet sich dabei auf die Frage, inwiefern sich in Godards Arbeiten die Krise des modernen Subjektverständnisses zeigt, welche mit dem Schlagwort 'Dezentralisierung des Subjekts' versehen wurde. Im Speziellen soll hierbei Godards Umgang mit der Sprache untersucht werden, welcher in *Alphaville, une étrange aventure de Lemmy* eine besondere Bedeutung zukommt. Ferner soll dargestellt werden, inwie-

---

[3]Er selbst konstatiert 2010 in einem Interview, dass ihm der Oscar nichts bedeute und fragt sich welchen seiner Filme die Mitarbeiter der Academy of Motion Pictures wohl gesehen haben könnten. „Kennen die meine Filme überhaupt?" (Godard in Jungen, 2012, S. 15). Dies ist eine berechtigte Frage angesichts der Tatsache, dass Godard sich nicht ziert, seine Abneigung gegenüber dem kommerziellen zeitgenössischen Hollywoodkino zum Ausdruck zu bringen. Schon seine frühen Filme zeugen von der seriösen Kritik gegenüber dem Produktionssystem Hollywoods. Seine Kritik ist dabei weniger spöttisch, als dass sie sein tiefes Bedauern über das ewig gleiche „Kopierwerk" des Hollywoodkinos formuliert. Man mache sich „mit viel Glanz, mit Millionen von Dollar in den Vereinigten Staaten daran, die fürchterliche Monotonie zu maskieren" (Godard, 1981, S. 55).

[4]Agenes Giullemot, Cutterin vieler Godard Filme, versicherte einmal in einem Interview, dass Godard immer davon ausgegangen sei Filme für das große Publikum zu machen (vgl. Sentürk, 2007, S. 239). Godard selbst sagt: „Ich mache Filme damit sie gesehen werde, oder mit Leuten, die es brauchen, dass sie für sich welche machen" (Godard, 1981, S. 81).

2

weit Godard den Film fernab von den klassischen Repräsentationsformen begreift.
Die Ausführungen sollen aus einer weiten kultur- und kunsthistorischen Perspektive heraus erfolgen. Dies soll die Bezugnahme zwischen Godards Werk und dem kulturellen Kontext seiner Entstehung ermöglichen.
Folgende Fragen dienen dabei als Ausgangspunkte:

1. Was charakterisiert den kultur- und filmhistorischen Kontext in welchem Godard arbeitet?

2. Was macht Godard zu einem typischen Repräsentanten dieser kulturhistorischen Strömungen?

3. Wie manifestieren sich diese Strömungen in seinem neunten Film *Alphaville, une étrange aventure de Lemmy Caution* von 1965?

Zur Charakterisierung des kulturhistorischen Kontexts soll im zweiten Kapitel dieser Arbeit eine kurze Übersicht über zentrale Aspekte der modernen Ideenwelt und deren zunehmende Infragestellung, infolge des erkenntnistheoretischen Modernisierungsprozesses, gegeben werden. Im darauf folgenden Kapitel soll die Entwicklung der klassischen Erzählstruktur im Kino vorgestellt werden, um darauf aufbauend die so genannte 'Krise der Repräsentation' anhand des italienischen Neorealismus und des Film Noirs zu erläutern. Das vierte Kapitel ist Godards Filmkunst gewidmet. Der Schwerpunkt der Arbeit wird hier auf dem Versuch liegen, Jean–Luc Godards Arbeitsweise zu charakterisieren. Hierbei werde ich sein filmisches Schaffen mit den modernen Entwicklungen in Verbindung setzen und mit dem klassischen Erzählkino kontrastieren. Die daraus gewonnen Ergebnisse möchte ich im fünften Kapitel anhand einer Analyse und Interpretation des Filmes *Alphaville, une étrange aventure de Lemmy Caution* anschaulich machen.

2 Das moderne Zeitalter

Das Ziel dieses Textabschnittes ist es einen groben Überblick über zentrale erkenntnistheoretische Veränderungen zu geben, die das Zeitalter der Moderne geprägt haben. Die Bezeichnung: „Krise der Moderne" möchte ich hierbei von Ritvan Sentürk entleihen, welcher diesen nutzt, um den Übergang unserer Gesellschaft von der Epoche der Moderne in die Postmoderne zu beschreiben (vgl. Sentürk, 2007, S. 1ff).[5] die folgenden Darstellungen dienen dabei als Basis, um im Hauptteil der Arbeit zu untersuchen, inwiefern Jean–Luc Godard ein Künstler dieser Krise der Moderne ist, d.h., inwieweit er die theoretischen Erkenntnisse, insbesondere jene zur Sprache in seinen Filmen aufgreift.[6]

2.1 Das moderne Selbstverständnis des Menschen

Wie Sentürk schreibt, offenbarte das moderne Zeitalter dem Menschen eine Welt in welcher er glaubte, mit Hilfe des säkulären Modernisierungsprozess ein vollkommen neues intellektuelles, psychologisches und wissenschaftliches Universum erschaffen zu können (vgl. Sentürk, 2007, S. 1ff).[7] Die neue Weltanschauung verhilft dem Menschen zu einem neuen Selbstverständnis (vgl. ebd.). In diesem bildete nicht mehr Gott, wie zuvor im theologisch geprägten Diskurs, sondern der Mensch selbst den Mittelpunkt allen Strebens (vgl. ebd.). Der stark religiös geprägte Diskurs des Mittelalters, in welchem die Menschen an Gott und seine Allmächtigkeit glaubten, hatte sich zunehmend zugunsten eines Vertrauens in die menschliche Vernunft und Logik verschoben (vgl. Branston, 2000, S. 158ff). Der Mensch war nunmehr das Herz und vor allem der Kopf des modernen Zeitalters. Als das mit Vernunft, Logik und Willen ausgestattete Subjekt (Ich) stand es als animalis rationalis, als vernunftbegabtes Tier in einem reflexiven Verhältnis zum Objekt (vgl. Sentürk, 2007, S. 358ff). Die ihn umgebende Objektwelt, allem was ist und war, musste der Mensch in der Überzeugung selbst der Ursprung der Wahrheit zu sein, ein Dasein zukommen lassen

---

[5]Der Begriff der Postmoderne ist umstritten. Ich möchte ihn hier anwenden da er in der von mir angewandten Literatur genutzt wird. Bereits in den 60er–Jahren nutzten Autoren wie Susan Sontag, Miche Foucualt, Roland Barthes und Jacques Derrida den Begriff der Postmoderne. Von der Epoche der Postmoderne ist besonders intensiv seit den 80er–Jahren die Rede. Ein wichtiger Vertreter des späteren postmodernen Konzeptes ist zum Beispiel Jean Francois Lyotard, der die Postmoderne in dem Aufsatz „Was ist postmodern?" erklärt. Verfügbar unter: http://encyclopedieworldart.files.wordpress.com.

[6]Eine meiner Quellen stellt hier Brice Parain dar, welcher eine große Inspiration für Godard ist (vgl. Monaco, 1981, S. 105). Brice Parain spielt sich selbst in Godards „Vivre Sa Vie" (1962), in welchem er mit Nana die Bedeutung der Sprache diskutiert.

[7]Historisch betrachtet beginnt die Ära der Moderne bereits am Ende der lateinischen Mittelalters, entfaltet sich jedoch vollständig im 18.Jh, besonders im Zuge der Aufklärung bis Mitte/ Ende des 20. Jahrhunderts (vgl. Kilbourn, 2010, S. 3).

(vgl. ebd.) Die objektive Wahrheit und die Wahrheitsbestimmung wurde somit einzig vom Subjekt beherrscht und diskursiviert (vgl. Sentürk, 2007, S. 1). Mithilfe der rationalen Kriterien und den neuen technologisch-wissenschaftlichen Erkenntnissen begann der Mensch die Natur und die Lebensweisen so zu transformieren und zu instrumentalisieren, dass ein vor allem technisch geprägter Fortschritt möglich war (vgl. ebd.). Die modernen Prinzipien „des Fortschritts, der Evolution, der Emanzipation und vor allen Dingen [der] Glauben an eine universelle Vernunft" (Sentürk, 2007, S. 360), waren dabei stets verbunden mit der sehnsüchtigen Hoffnung an ein freies und vernunftregiertes Subjekt.

2.2 Die Krise des modernen Selbstverständnisses

Das wichtigste Werkzeug des modernen Menschen war die Wissenschaft. Mit ihrer Hilfe erforschte er die Natur, die ihn umgebenden Objekte und nutzte die dadurch gewonnenen Erkenntnisse, um sich zunehmend von der Natur zu emanzipieren und einen grundlegend technologisch geprägten Fortschritt voranzutreiben (vgl. Sentürk, 2007, S. 1). Die modernen Wissenschaften basierten dabei auf der Logik des Subjektes. Durch das Vordringen der Logik (dem reflexiven Denken über das Denken) in die Wissenschaft entstanden im Laufe der Zeit vielfältige neue und voneinander abgestufte, diskursive Wissensgebiete (vgl. Sentürk, 2007, S. 358ff). Deren Verdichtung hatte zur Folge, dass unzählige, diskursive Wahrheitsproduktionen die alten Wahrheitsdiskurse relativierten (vgl. ebd.).[8] Die „grand narratives" (Branston, 2000, S. 159) beziehungsweise die großen Wahrheitsdiskurse, fanden sich in ihrem Kern erschüttert und mit ihnen das Subjekt, welches an sie glaubte. Die Auflösung des an die modernen Diskurse gebundene Verständnis des vernunftbegabten Subjektes als Mittelpunkt des zivilisierten Universums, stellen den Kern der Krise der Moderne dar (vgl. Sentürk, 2007, S. 1ff). Der Mensch musste feststellen, dass er nicht nur die ihn umgebende Welt, sondern auch sich selbst im existentiellen Sinne verändert hatte (vgl. ebd.). Zwei theoretische Strömungen, welche mit ihren Arbeiten entscheidend zur so genannten 'Dezentralisierung des Subjektes' im modernen Zeitalter beigetragen haben, sind die Psychoanalyse Sigmund Freuds und neue Theorien zur Sprache, insbesondere die semiotischen Erkenntnisse Ferdinand de Saussures. Freuds Erkenntnisse über die Tiefenstrukturen der menschlichen Psyche, Ende des 19. Jahrhunderts und Anfang des 20. Jahrhunderts, schwächten die Wahrnehmung

---

[8]Mit diskursive Wahrheitsproduktionen meine ich hier Wahrheiten die innerhalb eines Diskurse entstehen. Der Diskurs bedingt und beeinflusst durch Sprache bildet den Rahmen, zum Beispiel die Wahrheit des heterosexuellen Diskurses, in welchem Homosexualität als unnatürlich dargestellt wurde (oder zum Teil immer noch wird) und dies als „die Wahrheit" galt.

des Menschen als selbstbestimmtes Subjekt.[9] In Freuds Psychoanalyse sieht sich das Subjekt als psychologisches „Ich" angezweifelt und somit das Prinzip seiner universellen Vernunft und seiner daraus resultierenden Logik fundamental angegriffen (vgl. Sentürk, 2007, S. 359ff).[10] In seinen Studien teilt Freud die menschliche Psyche in drei Formen des Bewusstseins auf: das Es (das Unbewusste), das Ich (Vorbewusstes) und das Über-Ich (vgl. Sentürk, 2007, S. 49f). Das Ich repräsentiert in Freuds Studien die „reale Außenwelt des Seelischen" (Sentürk, 2007, S. 50). Das Ich steht unter dem Einfluss des unbewusst wirkenden Es, welches die Triebe repräsentiert und dem Über-Ich (unserem Gewissen), welches „die zensierende Instanz im Inneren des Individuums" (Franke, 2004) darstellt. Das Über-Ich ist demnach die Instanz, welche „die von außen gesetzten Normen und Tabus der Gesellschaft den biologischen Trieben des Menschen entgegensetzt" (Franke, 2004). Das vom Über–Ich „außerhalb des Individuums konstituierte Realitätsprinzip wirkt [hierbei] begrenzend auf die individuellen Triebe des Es" (ebd.). Mit Freuds Erkenntnissen entwickelte sich somit die Wahrnehmung des Menschen von einem sich „seiner selbst absolut bewussten und so handelnden Subjekt" (Sentürk, 2007, S. 360) hinzu einem aus dem Zentrum gerückten, „zwischen dem Territorium des Bewusstseins und dem des Unterbewusstseins schwebenden"(ebd.) Ich. Mit seiner Theorie stellt Freud nicht nur das Subjekt selbst infrage, sondern auch das Prinzip der universellen Ethik, welches auf der Vernunft basiert. Er macht deutlich, dass wir nicht durch und durch rationale Wesen sind, sondern auch von unseren Trieben (Es) und dem Über-Ich als moralische Instanz gesteuert sind. Freuds Theorie war jedoch nicht die einzige, welche explizit die Infragestellung des freien, selbstbestimmten Subjektes entfesselt. Auch die Theorien zur Funktion unserer Sprache trugen entscheidend dazu bei.[11]

Aufbauend auf dem Prinzip der Vernunft und der Logik hatte Descartes der Moderne den Leitspruch „Cogito ergo sum"„Ich denke, also bin ich" gegeben. Seine Philosophie des klaren rationalen Denkens beruhte auf der Mathematik (vgl. Parain, 1969, S. 12). Hiermit fand sich Descartes in einer Reihe mit Wissenschaftlern, wie Kepler, Leonardo da Vinci und Galileo Galilei wieder, welche ebenfalls die Mathematik als Grundlage für Erkenntnisse erachteten. So hatte bereits Galilei erklärt, „Mathematik sei die Sprache, in der das Universum geschrieben ist" (Parain, 1969,

---

[9]Dies war nicht das erste Mal in der Geschichte der Menschheit, dass der Mensch von der Wissenschaft „entthront" wurde. Unter Kopernikus hatte der Mensch erfahren müssen, dass er beziehungsweise die Erde auf der lebt nicht der unbewegliche feststehende Mittelpunkt des Universums sei und mit den Erkenntnissen Darwins fand er sich auf eine Stufe gesetzt mit dem Tier (vgl. Franke, 2004).

[10]Über das Verhältnis des Ich und des Es, in: Sigmund Freud, Das Ich und das Es, 1923, Internationaler Psychoanalytischer Verlag Leipzig-Wien-Zürich, online verfügbar unter: http://archive.org/details/Freud_1923_Das_Ich_und_das_Es_k [Stand: 20.03.2013]

[11]Theorien zur Sprache gibt es seit der Antike. Nachzulesen ist dies in Brice Parains: Untersuchungen über Natur und Funktion der Sprache.

S. 12) und damit bestimmte Überzeugungen auf denen Descartes Denken basierte vorweggenommen. Der bedeutende Aspekt ist hierbei, dass die frühe moderne Philosophie im Einklang mit der Logik stand (vgl. Parain, 1969, S. 18ff). Alles beruhte auf ihr und auf dem Subjekt, von welchem sie ausging. Die Sprache fand sich in dem kartesischen Denken der Logik des Subjektes unterworfen (vgl. ebd.). Man wollte ihr als Ausdrucks unseres Denkens keine autonome Existenz zuerkennen (vgl. ebd.). So schreibt Meillet:

„Unter dem Einfluß der formalen Logik, die bis zu Beginn des 19. Jahrhunderts alle Theorien über die Grammatik beherrscht hat, und auch infolge der Gewohnheit, die Sprachtheorien auf Formen der geschriebenen Sprache zu gründen, hat man lange Zeit gedacht, daß jeder Satz von Natur aus ein Subjekt und ein Prädikat enthält." (Antoine Meillet in Parain, 1969, S. 12).

Speziell im 18. Jahrhundert begannen neue Theorien diese Auffassung von der Sprache zunehmend infrage zustellen und somit Schritt für Schritt den Idealismus Descartes abzulösen. Besonders die deutschen Denker wie Leibnitz (bereits im 17. Jahrhundert) Hegel, Herder und Kant, begannen die kartesische Ansicht von Sprache zu verwerfen und vertraten stattdessen die sogenannte Ausdruckstheorie (vgl. Parain, 1969, S. 151ff). In dieser stellte die Sprache „nicht mehr lediglich intellektuelle Vorgänge [...], sondern das Ganze unseres Gemütslebens und unseres tätigen Leben" (Parain, 1969, S. 152) dar. Aus dieser Perspektive ist die Sprache vor allen Dingen Ausdruck unsere Denkens und Fühlens und repräsentiert unsere Begehrungen (vgl. Parain, 1969, S. 153). Mit der Erkenntnis der Ausdrucksnatur der Sprache begann die Philosophie ihre Überlegenheit gegenüber der Darstellungstheorie der mathematischen Wissenschaften zu manifestieren (vgl. ebd.): „Der Stoff der Mathematik ist tot, der des philosophischen Erkennens ist das Leben selbst" (Parain, 1969, S. 161).

Eine weitere große Wende in den modernen Sprachtheorien brachten zu Beginn des 20. Jahrhunderts, die semiotischen Erkenntnisse, speziell jene Ferdinand de Saussures (1857-1913). Seine Theorien sollten die zukünftigen Entwicklungen in der Semiotik fundieren und den Grundbaustein für das strukturalistische und spätere poststrukturalistische Denken legen (vgl. Sturrock, 1982, S. 6ff). Saussures Theorie basiert auf der Unterscheidung von *parole*, dem Sprechen und der *langue*, der Sprache, welche er als Zeichensystem betrachtet (vgl. Wollen, 1972, S. 116ff). In seinem Werk: Cours de linguistique générale beschreibt er die *langue* beruhe auf dem Signifikant (dem Bezeichnenden/dem Wort) und dem Signifikat (dem Bezeichneten, dem Begriff, dem inneren Abbild, der mentalen Repräsentation) (vgl. ebd.). Die Besonderheit in Saussures Theorie liegt in der Darlegung, dass unsere Sprache mit deren Hilfe wir Erkenntnisse erlangen, auf einem arbiträren System beruht und dieses wiederum auf Konventionen (vgl. ebd.).[12] Auch stellte Saussure heraus, dass das arbiträre Zeichen für sich allein keine Form von Realität offenbart, sondern lediglich gemeinsam mit anderen Zeichen in der Lage ist Bedeutung zu generieren (vgl. ebd.). Saussure unterstreicht überdies die Bedeutung der Sprache für das Denken:

> „Das Denken für sich allein genommen ist wie eine Nebelwolke, in der nichts notwendigerweise begrenzt ist. Es gibt keine von vornherein feststehenden Vorstellungen. Und nichts ist bestimmt, ehe die Sprache in Erscheinung tritt." (de Saussure, 1967, S. 133ff).

Festzuhalten sei an dieser Stelle, dass nach Saussures linguistischen Theorien unser Denken nur durch Sprache repräsentiert werden kann.[13] Dies bildet einen neuen Ansatz für die Relativierung des Prinzips der Logik, welches das Leitmodell der Moderne war. Descartes „Ich denke, also bin ich" ist von diesem theoretischen Hintergrund ausgehend nur die halbe Wahrheit. Vielmehr könnte es heißen: Ich spreche, also kann ich denken.[14] Nicht die Logik bestimmt und unterwirft also die Sprache, sondern es verhält sich genau andersherum. Mit Saussure wird die Sprache daher aus ihrer der Logik unterworfenen Position befreit und es wird gleichzeitig festgestellt, dass sie auf einem willkürlichen Zeichensystem fußt. In diesem Zusammenhang lassen sich folgende Fragen stellen: Wenn also die Basis unseres Wissens und unsere Wissenschaft die Sprache ist, welche auf einem arbiträren System beruht, wie können wir mit Gewissheit von Erkenntnis und Wahrheit sprechen? Wie kann die Wissenschaft uns Erkenntnisse zuführen, wenn sie doch auf einem Diskurs beruht in welchem die Natur wie wir sie verstehen lediglich ein Konstruktion unserer Sprache ist, in der beispielsweise alle physikalischen Regeln in arbiträren Zeichen manifestiert sind?

> „Wären wir dessen gewiß, daß die Sprache die Wirklichkeit der Welt, in der wir leben, getreu ausdrückt – wie Descartes es mindestens für die mathematische Sprache selbst annahm –, so wäre die Begründung unserer Erkenntnis offenbar keine Frage." (Parain, 1969, S. 15)

---

[12]Weiterentwickelt wurde Saussure Theorie von Charles Sanders Peirce welcher die das Zeichensystem wie folgt präzisiert: Ikon, Index, Symbol. Er geht davon aus, dass das Symbol wie Saussure auf Willkürlichkeit beruht. Das Ikon (Portrait eines Mannes) beruht auf Ähnlichkeit mit dem Objekt was es bezeichnet. Der Index (z.B. eine Uhr die die Zeit anzeigt) bezeichnet eine existentielle Verbindung zwischen sich selbst und dem Objekt (vgl. Wollen, 1972, S. 121ff).

[13]Wissenschaftliche Untersuchungen haben herausgestellt, dass Denken prinzipiell ohne Sprache möglich ist. Allerdings komplizierte Denkprozesse ohne Sprache unmöglich sind (vgl. Dörner, 1976, S. 1–29).

[14]Oder wie es Jacques Lacan formuliert: „Ich denke, wo ich nicht bin, also bin ich, wo ich nicht denke." (Lacan in Franke, 2004).

All diese Fragen führen in erster Linie zur Verunsicherung des modernen Subjektes. Das Subjekt musste erkennen, dass es mehr und mehr aus dem Mittelpunkt rückt, von dem aus es glaubte die Welt beherrschen zu können. Die erkenntnistheoretische Dezentralisierung des Subjektes hatte zur Folge, dass das Subjekt in den modernen Theorien nicht länger als das zivilisierte, vernunftgetriebene, freie Subjekt, welches es zu glauben scheint, angesehen wird. Stattdessen fundieren die neuen Erkenntnisse auf der Ansicht, dass das menschliche Denken und somit die menschliche Logik in einem ähnlichen Abhängigkeitsverhältnis zur Sprache steht, wie das menschliche Handeln in Abhängigkeit zum Unterbewussten.

Freud und Saussure sind nur zwei Wegbereiter aus der Kette von Denkern, Wissenschaftlern und Theoretikern die es schlussendlich vermochten die modernen Theoreme des menschlichen Selbstverständnisses radikal infrage zu stellen. Ihre Theorien lieferten neue Perspektiven über die Fundamente der Wissenschaft und der ontologischen Frage danach 'was ist', welche später von anderen Theoretikern weiterentwickelt und weitergeführt werden. Dazu zählen insbesondere die Theorien von Claude Levi-Strauss, Jacques Derrida, Jacques Lacan, Michel Foucault und Roland Barthes (vgl. Sturrock, 1982, S. 5ff). Unter dem Begriff Strukturalismus trat, in den 60er–Jahren in Frankreich, eine neue intellektuelle Bewegung an die bis dato vorherrschende intellektuelle Bewegung des Existenzialismus, deren Hauptvertreter Jean–Paul Sartre war, zunehmend abzulösen (vgl. Sturrock, 1982, S. 1ff). Beide Strömungen waren grundsätzlich verschieden. Während Jean Paul Sartre „das menschliche Individuum zur Freiheit verdammt sieht [und] der Mensch im existenzialistischen Denken immer und ausschließlich durch sein Handeln definiert wird,[...] verliert das Subjekt im anti–humanistischen Denken des Strukturalismus seine schöpferische Rolle und muss der Struktur weichen." (Franke, 2004).

Während Sigmund Freud in seiner Therapie versuchte mit Hilfe der Interpretation von Träumen in das Unterbewusstsein der Menschen vorzudringen und Unbewusstes ins Bewusstsein hervorzuholen, bemühen sich die Strukturalisten um die Suche nach den „verborgenen Tiefstrukturen und Konstanten, die universellen Charakter haben und unsere Kultur durchdringen" Franke (2004).[15] Die Methoden der

---

[15]Claude Lévi–Strauss beispielsweise widmet sich der Erforschung von Naturvölkern und stellt heraus, dass sich einzelne Mythen auf universale Denkstrukturen zurückführen lassen. Roland Barthes widmet sich ebenfalls den modernen Mythen des alltäglichen Lebens in Frankreich und entdeckt in ihnen die „grundlegenden Strukturen der französischen Alltagskultur" (Franke, 2004). Für Roland Barthes finden wir dabei neben der ersten Ebene, auf welcher die Sprache angesiedelt ist (Signifikant + Signifikat, nach Saussure) eine zweite Ordnung dieses Systems, welche er als den Mythos bezeichnet (vgl. Hartmann et al., 2008). Diese zweite Ordnung baut also auf der ersten auf und wird in Kombination mit einem weiteren Signifikanten zu einem neuen Zeichen: der Metasprache (vgl. ebd.). Beide Sprachlevel benötigen den Gebrauch von durch Konventionen vermittelten Codes (vgl. ebd.). Auf erster Ebene finden wir die kontextfreie und situationsunabhängige Grundbedeutung eines sprachlichen Ausdrucks und auf der zweiten eine in Kontext gestellte, situationsabhängig Metasprache, welche sich in einem größeren gesellschaftlichen und kulturellen

Psychoanalyse und des Strukturalismus beruhen auf der Dekodierung von Texten (durch Sprache artikulierte, geschriebene oder in der Therapie gesprochene Texte) und versuchen hiermit die tieferen Schichten des menschlichen und kulturellen Bewusstseins zu durchleuchten (vgl. Franke, 2004). Jedoch unterscheidet sich die Psychoanalyse Freuds in ihrer Zielvorstellung stark von jener der Strukturalisten (vgl. ebd.). Während Freud versuchte unter dem Motto „Wo Es war soll Ich werden" (Franke, 2004) das Ich zu stärken, sieht der Strukturalismus den Menschen lediglich als „passiven Träger der universellen Strukturen" (ebd.). Gemäß den strukturalistischen Theorien repräsentiert die Sprache, beziehungsweise das von uns angewandte Zeichensystem unsere Realität und strukturalisiert unser Leben. Sie ist die Grundlage des Denkens und die Basis auf dem wir unsere Idee von Wahrheit und Wirklichkeit begründen. Die Repräsentation von Realität kann lediglich mit Hilfe von Sprache erfolgen. Für die Strukturalisten ist die symbolische Ordnung der Zeichen das System in welchem wir nie mehr sein können als „Ereignisse" (vgl. Sturrock, 1982, S. 13ff). Dies heißt die Sprache strukturiert uns und nicht wir strukturieren die Sprache. So macht beispielsweise Michel Foucault in seiner Diskurstheorie deutlich, dass unsere Sprache im Rahmen eines Diskurses geformt wird und alles was mit Hilfe der Sprache kommuniziert in Diskursen strukturiert ist (vgl. Hall, 1997, S. 44ff). Außerhalb des jeweiligen Diskurses, argumentiert Foucault, kann keine Bedeutung entstehen (vgl. ebd.). In ihm produzieren wir Erkenntnis und Wissen (vgl. ebd.).[16] Aufgrund der Vielzahl der Diskurse und der subjektiven Repräsentation von Sprache kann es unmöglich einen einzigen objektiven Diskurs geben. Eine objektive Realität existiert dem zu Folge nicht, beziehungsweise ist es uns unmöglich diese, sollte sie existieren, wahrzunehmen. Sie kann somit auch nicht repräsentiert werden. Alles was wir erleben, erfährt erst Bedeutung in einem spezifischen Diskurs und die objektive Wirklichkeit ist daher stets nur die Wirklichkeit ihres Diskurses (vgl. Bran-

---

Rahmen bewegt (vgl. ebd.). Der Diskursbegriff fasst nun also diese beiden Sprachsysteme, jenes von Saussure und jenes von Barthes und versucht mit Ihnen, mit Hilfe der Repräsentation ein Verständnis von Realität zu entwerfen (vgl. ebd.)

[16]Foucaults Diskurs Begriff fasst Repräsentation nicht mehr lediglich in dem semiotischen Ansatz wie Saussure und Barthes sondern, als Möglichkeit Wissen zu erlangen (vgl. Hall, 1997, S. 44). Ein Diskurs ist nach Foucault: „[A] group of statements which provide a language for talking about, – a way of representing the knowledge about – a particular topic at a particular historical moment [...]Discourse is about the production of knowlegde through language. But [...]since all social practices entail meaning,and meanings shape and influence what we do- our conduct-all pratices have a discoursive aspect." (Hall, 1997, S. 44). Diskurs ist somit ein System von Repräsentationen welches versucht mit Hilfe von Sprache und durch Sprache, ein Verständnis von Wirklichkeit in einer jeweiligen historischen Epoche/Zeit hervorzubringen und zu ordnen. Außerhalb des Diskurses entsteht nach Foucault keine Bedeutung, da die Dinge an und für sich keine Bedeutung haben, sondern diese erst über unsere Repräsentation produziert wird. Was allerdings nicht heißt, dass es keine materielle Existenz gibt. Diskurse bestehen zwar aus Zeichen jedoch mehr als nur die Bezeichnung von Dingen. Sie produzieren selbst im immateriellen Sinne Gegenstände unseres Wissens, indem sie über sie sprechen (vgl. Hall, 1997, S. 44ff). Diese Produktion von Realitätszusammenhängen ist dabei in historische und kulturelle Abhängigkeit gestellt (vgl. Keller in Hartmann et al., 2008).

ston, 2000, S. 158ff).[17] Die Konsequenz dieser Perspektive ist ferner, dass man in den (post-)strukturalistischen Theorien nicht länger von einer klar identifizierbaren Persönlichkeit sprechen kann. Die Vorstellung einer in sich kohärente Persönlichkeit mit einer identifizierbaren Identität ist gemäß den strukturalistischen Theorien nicht mehr haltbar. Wie Bernt Gustavsson überspitzt darstellt, könnte man vielmehr sagen: Ich war ein Bündel semantischer Zeichen gestern und heute bin ich ein anderes (vgl. Gustavsson, 1994, S. 155).

In diesem Sinne steht der Strukturalismus und der spätere Poststrukturalismus für eine Denkensart, welche dem modernen Individualismus und dem Humanismus entgegengesetzt ist. Im Gegensatz zum Humanismus, der die große übergeordnete intellektuelle Überzeugung der Moderne darstellt und in welchem alle Theorien auf der Vorstellung vom handelnden Subjekt und dessen Logik beruhten, reduziert der Strukturalismus die menschliche Handlungsmacht auf die Interpretation der Kultur (vgl. Sturrock, 1982, S. 13).

All diese theoretischen Entwicklungen mündeten für das menschliche Subjekt schließlich in einer Krise seines Bewusstseins: Wer bin ich? Bin ich wie Freud sagt nicht mehr „Herr im eigenen Haus" (Freud in Franke, 2004)? Bin ich lediglich ein Bündel semiotischer Zeichen? Was ist Realität?

All jene Fragen wirkten sich auch auf die Künste aus und man versuchte Ihnen auf vielfältige Art und Weise zu begegnen. Wie sich dies im Kino zeigte, wird Gegenstand des folgenden Kapitels sein. Der Fokus liegt dabei auf der Veränderung der filmischen Repräsentation welche, wie später dargelegt werden soll, von der Nouvelle Vague und im speziellen Jean–Luc Godard vollkommen revolutioniert wird.

---

[17]Um einmal zwei Beispiele für die Auflösung/Transformierung von Diskursen zu geben, möchte ich hier den Diskurs des vernunftbegabten Subjektes, zu Beginn des 20. Jahrhunderts nennen, in welchem es Frauen nicht gestattet war zu wählen. Sie wurden nicht als rationale Wesen anerkannt. Der vorherrschende Diskurs war daher einer „des Mannes". Ein anderes Beispiel ist der Diskurs des „weißen Mannes"/ein rassistischer Diskurs, in Amerika der mit der Realität der dunkelhäutigen Bevölkerung in Amerika nichts zu tun hatte. Die modernen Bewegungen, wie eben die US Civil Rights Bewegung in den 50ern oder die feministischen Bewegungen der 60er–Jahre, oder auf die Klassenfrage insistierten auf eine Abschaffung dieser Diskurse in denen sie zu Objekten gemacht worden waren (vgl. Branston, 2000, S. 157).

3 Repräsentation im Film

3.1 Was ist Repräsentation?

Wie Susan Sontag schreibt, ist die früheste Theorie der Künste auf die griechischen Philosophen Aristoteles und Platon zurückzuführen, welche argumentierten, dass Kunst Mimesis oder Repräsentation sei und somit Imitation der Realität (vgl. Sontag, 2009, S. 3ff). Die Basis der Repräsentation bildet hierbei die Sprache (*langue* = Zeichensystem). Es ist daher naheliegend, dass die Theorie der Repräsentation, als die „griechische Metaphysik der Sprache" (Sentürk, 2007, S. 68) grundlegend mit der Sprachwissenschaft (Semiotik) und der Sprachphilosophie verbunden ist. Nach dem Semiologen Charles Sanders Peirce lässt sich Repräsentation folgendermaßen definieren:

> „Ein Zeichen oder Repräsentamen ist etwas, was für eine Person eine Sache in gewisser Hinsicht und Eigenschaft repräsentiert. Es wirkt auf jemanden so, daß es (Zeichen) im Geiste (Verstand) dieser Person ein entsprechendes (neues) Zeichen oder vielleicht ein weiter entwickeltes Zeichen erzeugt. Dieses Zeichen, was das erstere erzeugt, nenne ich Interpretant des ersten (ursprünglichen) Zeichens. Das Zeichen steht für etwas und zwar sein Objekt. Es steht nicht in vielerlei Hinsicht für dieses Objekt, sondern es bezieht sich auf bestimmte Vorstellungen (in reference to as sort of idea) die ich gelegentlich als Basis (ground) des Repräsentamen bezeichnet habe... ."(Peirce in Sentürk, 2007, S. 96).

Das Zeichen ist somit verschieden von dem was es repräsentiert. Zwischen dem Realen und der Repräsentation existiert ein Abstand (vgl. Sentürk, 2007, S. 97f). Dieser Abstand wird grundsätzlich subjektiv reflektiert (Sentürk spricht hier von Stil) (vgl. ebd.). Diese subjektive Interpretation bemüht sich in der Repräsentation darum, dass „was sie darzustellen scheint, zu ersetzen [und] zwar zu Gunsten eines Dritten, des Interpretants (eines Diskurses, einer Ideologie, oder einer Religion usw.), indem sie die Realität zu ihrem Alibi macht, statt diesen unentbehrlichen Abstand zum Thema der Darstellung zu machen, bzw. die Natur des Wirklichen zu problematisieren" (Sentürk, 2007, S. 98). Dies beschreibt grundsätzlich was im klassischen Erzählkino geschieht. Die repräsentative Reflektion wird hier vollkommen maskiert, „indem man sich die Realität zum Alibi macht und sie zugunsten eines Diskurses konvertiert" (Sentürk, 2007, S. 104). Eben hierin liegt für die französische Nouvelle Vague, vor allem für Jean–Luc Godard das große Problem der Repräsentation. Die Regisseure der Nouvelle Vague wollen diesen Abstand nicht länger leugnen, sondern machen ihn selbst zum Thema.

Doch bereits vor der Neuen Welle, welche Ende der 50er– und Anfang der 60er–
Jahre ihre ersten Filme ins Kino bringt, wird die klassische Erzählstruktur von
Künstlern hinterfragt und transformiert. Um dies anschaulich zu machen, möchte
ich im Folgenden einen kurzen Einblick in die Repräsentationsmethoden des klassischen narrativen Kinos geben, sowie in zwei prägende Stilrichtungen der 40er– und
50er–Jahre, den Film Noir und den italienischen Neorealismus. Beide Stilrichtungen
zeigen auf unterschiedlichster Art wie die klassische Erzählstruktur hinterfragt und
transformiert wurde. Sie sollen veranschaulichen, dass und in welcher Weise die Filmemacher nach neuen Formen der Repräsentation von „Realität" suchten. Hierbei
machten sie jedoch noch nicht den Abstand zwischen Realität und Repräsentation
zum Thema und problematisieren damit die Natur der „Realität" selbst, sondern
versuchen lediglich die Erzählung für eine in ihren Augen „realistischere" Abbildung
des Lebens zu nutzen.

3.2 Repräsentation von Realität im klassischen Erzählkino, dem italienischen Neorealismus und dem Film Noir

Das Konzept der Repräsentation im Zusammenhang mit dem Film signalisiert, dass
alle filmischen Bilder Konstruktionen, das heiße Re–Präsentationen einer schein-
bar realen Welt sind und nicht nur Präsentationen (vgl. Branston, 2000, S. 156).
Besonders im Kino hat sich zu Beginn des 20. Jahrhunderts eine Tradition der
Mimesis etabliert. In Vergleich mit anderen Künsten wandelte sich mit dem Film
die innerästhetische Relation von Subjekt und Objekt und mit dieser der Bezug
der Kunst zur Realität (vgl. Freybourg, 1996, S. 23). Die ursprünglich subjektive Realitätswahrnehmung des Künstlers wie wir sie aus der Malerei oder Literatur kennen, verändert sich beim Film radikal hinzu einer objektiven Wahrnehmung der Realität durch die Technik (vgl. ebd.). Die Euphorie für das neue Medium, welches es dem Künstler ermöglichte die Darstellungsleistung der Technik zu
überantworten, überging dabei vorerst die Frage inwieweit man Realität tatsächlich
darstellen könne (vgl. ebd.). Das theatralische, szenisch-gestische, performative Kino
des „Zeigens" der frühen Jahre des Kinos um die Jahrhundertwende entwickelte sich
in den Folgejahren zu einem Kino des Erzählens (vgl. Elsässer, 2000, S. 37). Das her-
ausragende Merkmal dieses Erzählens im Film war die transparent-illusionistische
Erzählstruktur (vgl. ebd.) Diese wird besonders in den Filmen David Wark Griffiths,
von 1907 an, augenscheinlich (vgl. Gunning, 1997, S. 68). In ihnen spiegelt sich die
Wandlung des filmischen Diskurses zu einer engen Gebundenheit der filmischen Signifikanten (Lautbild/Wort) an das Erzählen einer Geschichte und die Schaffung
eines in sich selbst geschlossen Universums (vgl. ebd.). Das klassisch- realistische

Erzählkino, welches mit Griffith Einzug hielt, verfolgte dabei in erster Linie das Ziel die Realität widerzuspiegeln, sie zu kommentieren und dies durch das Befolgen des Kohärenzprinzips zu erreichen (vgl. Sentürk, 2007, S. 149). Mithilfe einer einfachen, kohärenten Erzählstruktur versuchte man die Identifikation des Zuschauers mit dem Helden/ der Heldin zu gewährleisten (vgl. ebd.). Um die Illusion vom Film als (Traum–)Wirklichkeit aufrecht halten zu können, bemühte man sich, die künstlerische Seite des Filmes unsichtbar zu machen. Zu diesem Zwecke arbeitet die Filmtechnik mithilfe von bestimmten Einstellungsgrößen, Kameraperspektiven, Auf-, Ab- und Überblenden, cross-cutting etc. (vgl. Beller, 1999, S. 6ff). Man versuchte harte Schnitte zu vermeiden und leitete flüssig in andere Räume, Orte oder sogar in andere Zeiten über (vgl. ebd.). Es wird augenscheinlich, dass die klassische Erzählstruktur sich bemüht uns die Realität als ein „Ideal der Natürlichkeit" (Freybourg, 1996, S. 24) darzustellen. Der klassisch- narrative Film soll den Zuschauern „als Traumwirklichkeit, besser aber noch als Wirklichkeit verkäuflich" (ebd.) gemacht werden. Vor allem wird die klassische Erzählstruktur im amerikanischen Kino verwendet, daher spricht man heute auch oft vom klassischen Hollywoodkino. Jenes Hollywoodkino hat sich speziell nach dem zweiten Weltkrieg weltweit durchgesetzt. Der Marshall Plan von 1951 ermöglichte, dass die amerikanische (Kino–)Kultur in Europa ungezügelt Einzug halten konnte (vgl. Babula, 2012, S. 2). Zu dieser Zeit errang das amerikanische Kino eine Monopolstellung, welche es bis heute aufgrund seiner mächtigen Produktionsfirmen und Vertreiber zu halten vermag.

Von Anbeginn der Filmgeschichte gab es jedoch Filmemacher, welche die klassische Erzählstruktur nicht angenommen haben. Die russischen Konstruktivisten seien hier als besonders hervorstechendes Beispiel genannt. Sie nutzten den Film in ihrer Schaffensperiode von 1921-1935 als progressives, politisches Mittel um die Revolution zu unterstützen (vgl. Freybourg, 1996, S. 21f). Besonders Sergej Eisenstein und Dziga Vertov erforschten das neue Medium hinsichtlich seiner sprachästhetischen Möglichkeiten und erarbeiteten filmhistorisch bedeutsame Montagetechniken (vgl. ebd.). Andere Stilrichtungen, welche die Filmkunst fernab von dem klassischen Erzählkinos begriffen, sind beispielsweise der Surrealismus und der Expressionismus und allgemein der Avantgardefilm.

In den 40er– und 50er–Jahren versuchte das Kino des italienischen Neorealismus und des Film Noir die klassische Narrative zu transformieren und somit eine präzisere Repräsentation von Realität zu schaffen.[18] Die Filmemacher beider Stilrichtungen unternahmen dabei den Versuch eine reale, soziale und politische Ordnung,

---

[18]Diese beiden Stilrichtungen scheinen mir dafür besonders interessant, da sie großen Einfluss auf die spätere praktische Arbeit der jungen Nouvelle Vague Regisseure haben und zwei sehr unterschiedliche Stilrichtungen, eine aus Europa, eine aus den USA sind, an denen sich zeigen lässt wie unterschiedlich die Krise der Moderne/der Repräsentation im Kino ihren Ausdruck findet.

die menschliche Natur, das menschliche Bewusstsein, sowie interpersonelle Beziehungen zu repräsentieren (vgl. Kania, 2011, S. 237). Für die Künstler des italienischen Neorealismus der 40er–Jahre war es vor allem fragwürdig was das klassische amerikanische Hollywoodkino bis zu jener Zeit als (Traum–)Wirklichkeit ausgab. Filme, wie jene von De Sica und Rosselini beispielsweise, lehnten diese Traumwirklichkeit Hollywoods ab und bemühten sich um die Darstellung einer (der italienischen) sozialen Realität.[19] Die Filme der italienischen Neorealisten standen dementsprechend im starken Kontrast zum amerikanischen Hollywoodkino und ferner zum deutschen Expressionismus vor dem 2. Weltkrieg (vgl. Bazin, 1972, S. 16f). Vielmehr lehnten sie sich an den Realismus der russischen Filme der 20er– und 30er–Jahre an (vgl. ebd.).[20] Das italienische Kino der 40er– und 50er–Jahre griff dabei Fragen auf welche besonders nach dem Zweiten Weltkrieg immer bedeutsamer geworden waren, wie die Frage nach dem Sinn des Daseins, des Seins und der Realität (vgl. Freybourg, 1996, S. 39). Dabei repräsentierte es eine generelle ästhetische Entwicklung des Kinos in den 40er– und 50er–Jahren hinzu der gesteigerten Bedeutung der Montage und der gleichzeitigen Abwertung des klassischen Erzählkinos (vgl. Sentürk, 2007, S. 182f). Man bemühte sich aus dem strengen Kohärenzprinzip des kausalen Erzählrhythmus auszubrechen und fokussierte sich auf eine dokumentarische Beobachtung (vgl. ebd.). Technisch erreichte man die Distanzierung von der klassischen Narrative beispielsweise durch die Abwendung von der Parallelmontage, welche dazu diente eine rhythmische Kontinuität der Erzählung zu garantieren (vgl. ebd.).[21] Grundsätzlich versuchte man im italienischen Neorealismus mit Hilfe von Laiendarstellern und mit Rückgriff auf real-historische Ereignisse die Wirklichkeit in ihrer eigentümlichen Form, als etwas Rätselhaftes, Undurchschaubares und keinem Kausalitätsgesetzt folgend, zu fassen (vgl. Sentürk, 2007, S. 183f). Ferner glaubten die Regisseure des italienischen Neorealismus fest an die Darstellung einer objektiven Realität. Mit der Einführung von Laiendarstellern, der dokumentarischen Kamera, der Darstellung der Realität als etwas Willkürliches etc., versuchten sie eine „realere"

---

[19]Womit vor allem die Realität des einfachen italienischen Volkes, oftmals im Kontext des Zweiten Weltkrieges und der totalitären Herrschaft Mussolinis, gemeint sein soll.

[20]Der filmische Realismus ist jedoch ein in der Filmtheorie umstrittener. Natürlich ist ein Film prinzipiell etwas Unrealistisches da etwas Künstliches. Wenn mit Realität jedoch nur das Darstellen eines gewissen, uns Zuschauern „realen" Diskurses gemeint ist, könnte man behaupten, dass alles realistisch ist (jeder Film) sobald eine Art wahrhaftige Verbindung zur Realität hat. Verschiedene Theorien wie von Bazin, Arnheim, Bordwell usw. sprechen vom Realismus als das natürliche Element des Filmes (vgl. Kania, 2011, S. 237). So schreibt beispielsweise Andre Bazin: „Let us agree, by and large, that film sought to give the spectator as perfect an illusion of reality as possible within the limits of the logical demands of cinematographic narrative, and of the current limits of technique" (Bazin, 1972, S. 26).

[21]Als Parallelmontage bezeichnet man eine Montagetechnik, mit deren Hilfe man aufeinander folgende Einstellungen, verschiedener Handlungsstränge in einem Film rhythmisch verbinden kann. Sie dient zur Spannungssteigerung (vgl. Lexikon der Filmbegriffe im Internet unter: http://filmlexikon.uni-kiel.de/index.php?action=suchentag=suchenuid=1)

Wirklichkeit abzubilden als jene, welche das klassische Hollywoodkino präsentierte (vgl. ebd.).

Der Film Noir hingegen, welcher zur selben Zeit wie der italienische Neorealismus in Europa das amerikanische Kino eroberte, versuchte die „Realität" besser repräsentieren zu können, indem die „Repräsentationstechniken der klassisch- realistischen, expressionistischen, neorealistischen Filme [...] aus der Perspektive der Psychologie, bzw. der Psychoanalyse Freuds mit verschiedenen Varianten aufgenommen, [...] recodiert [und] weiterentwickelt" (Sentürk, 2007, S. 198) wurden.[22] Das Aufgreifen der psychoanalytischen Erkenntnisse spiegelt sich wieder in der Begründung der Konflikte und der Handlungen der Charaktere, sowie in der Anordnung der männlichen und weiblichen Figuren nach psychoanalytischen Gesichtspunkten (vgl. Sentürk, 2007, S. 193ff).[23]

Am Beispiel des Film Noir wird ferner deutlich wie sich der Diskurs eines bestimmten Filmgenres nicht länger anwenden lässt. Vielmehr greift der Film Noir verschiedenste Elementen unterschiedlichster Genres und Stilrichtungen, wie beispielsweise dem Gangsterfilm, dem expressionistischen Film oder dem neorealistischen Film auf (vgl. Sentürk, 2007, S. 193ff). Ein prägnantes Merkmal des Film Noir ist überdies die Anwendung eines speziellen semi–dokumentarischen Erzählstils, ohne dabei jedoch vollständig mit den Konventionen des klassischen Hollywoodkinos zu brechen (vgl. ebd.). Er findet seine Vorbilder hierbei im italienischen Neorealismus und im deutschen Expressionismus (vgl. ebd.). Vor allem die Beleuchtungstechnik und die spezielle mit Weitwinkelobjektiven verzerrte räumliche Perspektive zeichnen die Ähnlichkeit des Film Noir mit dem deutschen Expressionismus, wie beispielsweise den frühen Fritz Lang Filmen, aus (vgl. ebd.). Ein besonders Charakteristikum des Film Noirs ist außerdem die große Bedeutung der Vergangenheit (vgl. ebd.). Diese wird oftmals mit Hilfe von Überblenden initiiert und von Voice Over Stimmen begleitet (vgl. ebd.). Die Vergangenheit spielt deshalb eine so große Rolle, da sie

---

[22]Die Einflüsse der Freudschen Psychoanalyse im Film sind in unzähligen Beispielen zu finden, und nicht ausschließlich im Film noir. Ein besonders gutes Beispiel für psychoanalytische Darstellung geben die Filme Alfred Hitchcocks, denken wir nur an *Marnie* (1964), oder an *Psycho* (1960). Ein gutes Beispiel für die das Aufgreifen psychoanalytischer Erkenntnisse im Film Noir stellt *The Big Sleep* (1939) von Howards Hawks dar. Am Ende des Filmes erfahren wir, dass Carmen die Mörderin von Rusty ist. Sie hat ihn getötet weil er sie abgewiesen hat. Eine Handlung welche sich keiner gängigen, das heißt logischen Erklärung anbietet, sondern eindeutig auf eine Psychose schließen lässt. Etwas Unbewusstes, Triebhaftes scheint der Auslöser zu sein, welcher sie zu dieser Handlung trieb. Der Film gibt keine Aufklärung darüber unter welcher geistigen Krankheit Carmen leidet. Doch als Marlowe am Ende des Filmes Vivian rät: „You´ll have to send Carmen away. From a lot of things. They have places for that." So spielt er hier wohl gezielt auf eine Sanatorium oder eine Anstalt an.

[23]Sentürk hat diesen Ansatz in „Postmoderne Tendenzen im Film" ausführlicher belegt. Da Ausführungen in dieser Hinsicht den rahmen der Arbeit überschreiten möchte ich lediglich anmerken, dass der Film Noir eng mit der Psychoanalyse in Verbindung steht und eine psychologisch realistische Darstellung verfolgt.

uns das gegenwärtige Leben des Filmcharakters, seine Gefühlswelt und seine Charakterzüge erklären soll (vgl. ebd.). Dies hat zur Folge, dass wir die Charaktere als psychologisch komplexe Wesen erfahren und den Eindruck gewinnen, ihre Emotionen und Handlungen aus dem uns präsentierten geschichtlichen Hintergrund besser einordnen zu können. Um dies zu verstärken wird im Film Noir, ähnlich wie im klassischen Erzählkino die subjektive (Kamera–)Einstellung benutzt, um die Innenwelt des privaten Ichs, seine Sehnsüchte, Ängste und Begierden darzustellen (vgl. Sentürk, 2007, S. 196).

Die Hauptfiguren sind hierbei oftmals Charaktere am Rande der Gesellschaft, Einzelgänger und Problemfiguren sowie wahnsinnige, paranoide, schizophrene und hysterische Typen (vgl. Sentürk, 2007, S. 213). Genau diese Wahl des Wahnsinnigen ist, wie Susan Sontag schreibt, ein „klassisches Mittel jener Künstler geworden, die über den traditionellen „Realismus" und das heißt, über die Psychologie hinausgehen" wollten (vgl. Sontag zitiert in Sentürk, 2007, S. 59).

Der Film Noir versucht „der Realität" etwas näher zu kommen, indem er die Psyche des Menschen als etwas Unergründliches und keiner Logik Folgendes darstellt. Der italienische Neorealismus hingegen sieht die Wirklichkeit am besten in der Abbildung der „realen" sozialen Lebenswelt repräsentiert. Beide Stilrichtungen gehen dabei auf ihre Weise neue Wege und illustrieren wie die Filmemacher der 40er- und 50er-Jahre sich der Repräsentation kritisch annahmen und die Notwendigkeit eines Wandels herausstellten. Dabei wenden sie sich jedoch der normativen und ästhetischen Funktion der Erzählung zu, ohne vollständig aus der klassischen Erzählstruktur auszubrechen (vgl. Sentürk, 2007, S. 213f). Anstatt sich mit dem Problem der Repräsentation im Sinne der Darstellung einer objektiven Realität auseinanderzusetzen, bleibt die in den Filmen des italienischen Neorealismus dargestellte Realität in den Grenzen der logischen Forderungen der filmischen Erzählung, sowie in den Grenzen ihrer Technik verhaftet (vgl. Bazin, 1972, S. 26). Selbiges gilt für den Film Noir. Sowohl die Filme des Film Noirs als auch des italienischen Neorealismus bleiben lediglich eine Selbstreflexion ihrer narrativen Repräsentation (vgl. Sentürk, 2007, S. 214).

In den 50er- und 60er–Jahren verändert sich die Frage nach der Repräsentation bedingt durch das Aufkommen neuer Medien, wie dem Comic oder dem Fernsehen noch einmal gravierend (vgl. Fahle, 2003, S. 184). „Das Bild in allen seinen medialen Ausformungen: als gemaltes Bild, fotografiertes, als Werbetafel, als Fernseh- und vor allem als Filmbild" (Fahle, 2003, S. 184), nimmt in den neuen visuellen Medien eine besondere Stellung ein. Die Gesellschaft der 50er und 60er–Jahre wird von Bildern in allen Ausformungen geradezu überschwemmt. In diesem Zusammenhang wird die Frage nach den grundsätzlichen Möglichkeiten und Eigenschaften der Repräsentation immer lauter. Besonders in den Humanwissenschaften und in der Philosophie wendet man sich diesen Fragen aus zunehmend kritischerer Perspektive zu.[24] Hierbei steht vor allem eine kritische Auffassung von der eigentlichen Möglichkeit Realität abzubilden im Vordergrund. Im Kino wird diese kritische Auseinandersetzung mit der filmischen Repräsentation vor allem in den Filmen der Nouvelle Vague augenscheinlich. Diese formierten dabei eine „ästhetisch-diskursive Moderne" (Sentürk, 2007, S. 221), welche den Versuch unternimmt die „Ordnung der Signifikanten in kritisch-intellektueller Art und Weise zu destrukturieren" (ebd.). Dies bedeutete auf filmischer Ebene in erster Linie, dass man die Repräsentation als solche sichtbar machen musste.

Jean–Luc Godard erreicht dies, indem er die Krise der Repräsentation als die Krise der klassisch–realistischen Repräsentation im Kino und somit „als Krise der ästhetischen Struktur und diese Struktur wiederum als ein System (Diskurs) verschiedener Elemente (Kategorien) und Verhältnisse" (Sentürk, 2007, S. 228) begreift. Das Aufgreifen der Krise der Repräsentation bildet hierbei die grundlegende Basis, von welcher ausgehend sich Godard mit der Krise der Moderne an sich beschäftigt. Wie dies zusammenhängt soll nun im Folgenden untersucht werden.

---

[24]Beispielweise ist die Krise der Repräsentation auch in der Ethnologie wieder zu finden, wie an Clifford Geertz interpretativer Ethnologie beispielhaft wird.

4 Jean–Luc Godard und die Krise der Moderne

Peter Wollen schreibt über Godard, er repräsentiere nach den russischen Konstruktivisten die zweite Welle der Folgen der modernen Bewegung auf das Kino, wie diese in den anderen Künsten beispielsweise von Marcel Duchamp, James Joyce etc. repräsentiert wurde (vgl. Wollen, 1972, S. 172). Doch inwieweit drückt sich dies in Godards Filmen aus? Sind seine Filme eine Reflektion der Krise der Moderne und vor allen Dingen des modernen Subjektverständnisses? Inwieweit setzt Godard sich mit den, im zweiten Kapitel meiner Arbeit beschriebenen, (post–)modernen Bewegungen auf das Kino auseinander?

Bevor diese Fragen anhand einer vertieften Analyse von Godards *Alphaville, une étrange aventure de Lemmy Caution* untersucht werden sollen, steht im folgenden Kapitel eine vorbereitende Auseinandersetzung mit spezifischen Charakteristika von Godards Filmkunst.

Dazu wird unter anderem auf die bereits im zweiten Kapitel skizzierten sprachphilosophischen Betrachtungen Bezug genommen, die die Sprache als ein Zeichensystem verstehen, welches die Basis unsere Idee von Wahrheit und Realität darstellt. Ferner soll dargestellt werden, wie Godard die im dritten Kapitel beschriebenen Krise der klassisch–realistischen Repräsentation in seinen Filmen aufgreift und zu überwinden versucht. Aufgrund der Komplexität des Themas habe ich mich dafür entschieden Godards Arbeitsweise in voneinander abgetrennten Kapiteln etwas übersichtlicher zu gestalten. Da jedoch alle Prinzipien, Techniken und Vorgehensweisen einander bedingen und ergänzen, ließen sich gelegentliche Wiederholungen nicht vollkommen vermeiden. Vor der eigentlichen Analyse von Godards Filmkunst soll an erster Stelle kurz auf seinen Werdegang vom Cineasten, zum Filmkritiker bis hin zum Nouvelle Vague Regisseur eingegangen werden.

4.1 Jean–Luc Godard, die jungen Kritiker der Cahiers du cinéma und die Nouvelle Vague

1948 zog der 18–jährige Jean–Luc Godard aus der Schweiz, wo er während des Zweiten Weltkrieges mit seinen Eltern gelebt hatte, zurück nach Paris (vgl. Monaco, 1981, S. 4ff). Neben seinem Ethnologie Studium, begeisterte sich der junge Godard fürs Kino und wurde ständiger Gast des *Latin Quarter´s Cine Club* und der Pariser Cinémathéque (vgl. ebd.). Dort lernte er 1949/1950 Francois Truffaut und Jacques Rivette kennen. Später stießen Claude Chabrol und Eric Rohmer zur Gruppe hinzu (vgl. ebd.). Schon 1950 gründete Godard gemeinsam mit Rohmer und Rivette die *Gazette du Cinéma*, wo sie erstmals eigene Kritiken publizierten, bevor sie 1952 alle drei bei der Filmzeitschrift *Les Cahiers du cinéma* zu schreiben begannen (vgl. Monaco, 1981, S. 103).[25] Zu diesem Zeitpunkt waren dort bereits Truffaut und Chabrol beschäftigt (vgl. ebd.). Die Gründungsväter der Cahiers du cinéma, welche erstmals 1951 erschien, sind Andre Bazin und Jacques Doniol-Valcroze (vgl. Sterrit, 1999, S. 4). Mit diesen waren die jungen Kritiker zum Antritt ihrer Anstellung seit Längerem bekannt. Beide hatten einen der von ihnen so geschätzten und viel besuchten Filmklubs mit dem Namen *Objectif 49* inszeniert, in welchen sie amerikanische Filme, vorzugsweise jene der so genannten „schwarzen Serie", populär gemacht hatten (vgl. Godard, 1981, S. 20). Die Begeisterung und Bewunderung welche die jungen Filmenthusiasten der Cahiers du cinéma für den Film Noir und für die amerikanischen Filme im Allgemeinen empfanden, lag in erster Linie darin begründet, dass das amerikanische Kino ein ganz Neues war im Frankreich nach dem zweiten Weltkrieg.[26] Eines welches sich vor allem stark gegen den französischen Naturalismus absetzte, gegen welchen die jungen Cahiers protestierten (vgl. Godard, 1981, S. 91).[27] Die jungen Kritiker begeisterten sich für die amerikanischen Western, Gangsterfilme und vor allem den Film Noir (vgl. Monaco, 1981, S. 9).

Ende der 50er–Jahre begannen Godard, Truffaut, Chabrol, Rivette und Rohmer den Stift gegen die Kamera zu tauschen und, wie es Alexandre Astruc es mit *La Camera Stylo* forderte, die Kamera wie einen Stift zu nutzen (vgl. Monaco, 1981, S. 5). Auf die ersten Versuche als Regisseure von Kurz- oder Experimentalfilmen Mitte der 50er–Jahre folgen Ende der 50er-Jahre nun erstmalig Filme in Spielfilmformat von den jungen Cahiers. Ihre Arbeit als Kritiker hatte ihnen Gelegenheit gegeben, sich nicht nur das Schreiben über den Film, sondern das Filmen selbst zu lehren. 1958 erschien der erste Film der Gruppe, *Le beau Serge* von Claude Chabrol. Es folgten Truffaut mit *Les quatre cents coups*, Rohmer mit *Le signe de lion* und Godard mit *À bout de souffle* im Jahr 1959.[28] Diese wurden von den Kritikern und Journalisten nicht nur mit Respekt anerkannt, sondern man gab dem neuen Phänomenen auch

---

[25]Ferner schrieb Godard für ein kleines Magazin, mit Namen: *Les Amis du Cinèma* (vgl. Monaco, 1981, S. 103).

[26]Godard, Truffaut, Rohmer, Rivette und Chabrol begannen begeistert über dieses neue Kino zu schreiben und die Regisseure der amerikanischen Filme sogar als „Autorenfilmer" zu propagieren (vgl. Godard, 1981, S. 20). Vor allem Godard der das amerikanische Kino verehrte, wird sich im Laufe seiner theoretischen und praktischen Arbeit immer mehr darüber bewusst wie weit die Repräsentationsmechanismen Hollywoods dem kapitalistischen, kommerziellen System angehängt sind. In Zusammenhang mit seinen politischen Anschauungen beschließt er schließlich sich gegen die klassische Narrative und ihre Methoden zu wenden, indem er diese in seinen Filmen aufgreift und dekonstruiert (vgl. Babula, 2012, S. 2). Dies unterbindet jedoch keinesfalls, dass er amerikanische Filme in seinen eigenen zitiert und neu interpretiert.

[27]Godard sagt über das poetisch- realistische französische „Kino der Qualität": „Soviel Raffinement im Drehbuch, so viele Dialogideen...alles läuft in der Tat ab, als sei es schon auf dem Papier da gewesen und als habe die Verfilmung nichts dazu gebracht" (Godard in Freybourg, 1996, S. 39)

[28]Rivette drehte seinen ersten Spielfilm *Le religeuse* erst 1965.

einen Namen: Nouvelle Vague/die Neue Welle (vgl. Sentürk, 2007, S. 223ff).[29] Der Name spricht für sich: die Neue Welle, die sich lange angebahnt hatte und nun endlich ausbrach (vgl. Monaco, 1981, S. 11).

4.2 Repräsentation und Realität bei Godard

> „Realismus besteht nicht in der Reproduktion der Realität, aber darin
> zu zeigen wie die Dinge wirklich sind" (Brecht zitiert in Monaco, 1981,
> S. 127)

In einer Zeit in der das Kino nach neuen Wegen und Möglichkeiten der Repräsentation sucht, schlägt Godard eine Methode vor, die auf der Überzeugung beruht, dass das Kino nicht eine Reflexion der Realität, sondern vielmehr die Realität der Reflektion ist (vgl. Landy, 2001). Die alte Tradition von Repräsentation und Mimesis die sich durch die Kinogeschichte zieht, wird radikal von ihm abgelehnt und die „reale" Welt nicht mehr als Referent des Filmes akzeptiert (vgl. Madan, 2010, S. 2). Jean–Luc Godard nimmt damit das Grundprinzip der Krise der Repräsentation an, nach denen die Mimesis, die Nachahmung der Realität im Film, lediglich eine Repräsentation ihrer selbst sein kann. Alle filmischen Werke die behaupten, dass sie eine transzendentale Realität präsentieren können ignorieren aus dieser Perspektive die Tatsache, dass Realität erst in dem Akt der Repräsentation selbst entsteht (vgl. Thiher, 1976, S. 947f). In Godards Filmen ist er es, welcher als Regisseur den Film, die Dialoge, die Mise-en-scène konstruiert. Realität wird dabei so geformt wie die Kamera sie rahmt (vgl. Madan, 2010, S. 1). Godards 'filmische Ethik' gründet dabei auf dem Versuch dem Zuschauer bewusst werden zu lassen, dass seine Filme lediglich (subjektive) Repräsentationen von Repräsentationen sind und sie als Konstrukt erkennbar werden zu lassen.[30] Er lenkt unsere Aufmerksamkeit auf die Diskontinuität und Willkürlichkeit der Realität sowie auf den filmischen Apparat selbst. Dies hat den Effekt, dass die Fiktionalität, also das Unwirkliche verstärkt wird. Als technisches Mittel zur Auflösung des Scheins einer objektiven Realität nutzt er die Montage.

---

[29]Hierbei möchte ich erwähnen, dass zur Stilrichtung der Nouvelle Vague mehr Vertreter gezählt werden als lediglich oben genannte fünf Cahiers Autoren. Andere Autoren die Godard selbst zur Nouvelle Vague zählt sind: Chris Marker, Agnes Varda, Alain Renais und Jaques Demy (vgl. Godard zitiert Milne, 1972, S. 172)

[30]Mit subjektiven Repräsentationen von Repräsentationen meine ich, dass Godard in seinem Filmen verschiedene Diskurse aufgreift, wie den politischen Diskurs, kulturgeschichtlichen Diskurs, und diese Diskurse selbst sekundäre Repräsentationen der Realität sind. Jene eigenen sich die primäre Repräsentation von Realität an und ordnen und hierarchisieren diese im Dienste einen eigenen Konstruktes der Wirklichkeit (vgl. Merten, 2004, S. 21). Sie greifen im Gegensatz zu Logos oder Mythos (Roland Barthes) auf bereist vermittelte Realitätswahrnehmungen zurück, „um sie als ein gesellschaftlich wirkmächtiges Realitätskonstrukt zu legitimieren und zu hierarchisieren" (Merten, 2004, S. 21).

„[Montage] is, in effect, to bring out the soul under the spirit, the passion behind the intrigue, to make the heart pervail over the intelligence by destroing the notion of space in favor of that of time." (Godard zitiert in Monaco, 1981, S. 106)

Godards Werk basiert in erster Linie auf der Motivation neue mimetische Formen zu entwickeln, die unter Umständen eher dazu taugen, die soziale Realität adäquat zu repräsentieren (vgl. Thiher, 1976, S. 947f).

4.3 Eine Frage der Ethik: Mise-en-scène und Montage

Doch wie kann man Realität adäquat präsentieren? Zunächst einmal muss man feststellen, dass der Realitätsbegriff im Film ein häufig diskutierter ist.[31] Zwei für Godard bedeutende Positionen zu diesem Thema sind die Theorien von Eisenstein und Bazin. Sergei Eisenstein glaubte, dass die Macht des Kinos weniger von der Fähigkeit ausginge die Realität der aktuellen Welt abzubilden, als von der Fähigkeit die visuellen Repräsentationen zu manipulieren (vgl. Sterrit, 1999, S. 4ff). Mithilfe des Lichtes, dem Entwicklungsprozess und vor allem der Montage kreierte Eisenstein originelle kreative Arbeiten und machte darüber hinaus den Film zum politischen Instrument (vgl. ebd.). Andre Bazin hingegen glaubte die Realität zu reproduzieren liege quasi in der Natur des Kinos (vgl. ebd.). Die Regisseure, so Bazin, sollten sich darum bemühen, die Realität möglichst direkt und objektiv zu filmen (vgl. ebd.). Wenn das Thema fesselnd und das Filmemachen klar und bewusst sei, so würde das Publikum von solchen Filmen tief bewegt sein (vgl. ebd.). In Bazins dialektischer Theorie war die filmische Sprache etwas was sich fernab von den Tricks des Expressionismus und der Montage, hinzu einem Realismus, der Mise-en-scéne und dem tiefen Fokus entwickeln sollte (vgl. Monaco, 1981, S. 6). Die Montage war für ihn das Mittel, durch welches der Filmemacher seine Macht einsetzen und den Zuschauer manipulieren könne und aus diesem Grund eine unethische Methode (vgl. ebd.). Godard beschäftigte sich ausführlich mit diesem Argument Bazins und kommt zum dem Schluss, dass die Mise-en-scéne die Montage als integralen Teil mit einschließe und daher nicht weniger unethisch genutzt werden könne als die Montage (vgl. Monaco, 1981, S. 106).[32] Nach dem Motto: „Cutting on a look is almost the definition of montage, it´s supreme ambition as well as it´s submission to mise-en-scéne." (Monaco, 1981, S. 106) verbindet Godard beide Pole sowohl theoretisch als auch praktisch in seiner Arbeit und geht einen Schritt weiter als Bazin. Während

---

[31] Nachzulesen in Andrew Kania (2011): Realism ,S. 237. In The Routledge Companion to Philosophy and Film, Routledge, Abingdon, Oxford

[32] Godard schrieb mehrer Aufsätze über das Verhältnis von Montage und mise-en-scéne. Nachzulesen in Monaco 1981, S. 105ff.

dieser sich lediglich mit dem Objekt (dem Film) als Möglichkeit unethische Werte repräsentieren zu können auseinandersetzt, verlässt sich Godard nicht mehr darauf, dass die objektive Abbildung der Realität der Garant für ethische Darstellung sei (vgl. Monaco, 1981, S. 106). Stattdessen erkennt Godard an, dass eine objektive Darstellung der Realität nicht vollständig möglich ist und fundiert seine filmische Ethik auf dem Grundprinzip diese Tatsache dem Publikum nahe zu bringen.

4.4 Subjektivismus

Die vollständig objektive Darstellung der Realität ist ein unmögliches Unterfangen ist, da Realität von der Kamera, die sie rahmt, geformt wird und die Entscheidung was sie rahmt von Godard (subjektiv) getroffen wird (vgl. Madan, 2010, S. 1). Aufgrund dessen ist Godard zu der Überzeugung gelangt, dass man wenn man Filme macht lediglich seiner eigenen subjektiven Interpretation von Wirklichkeit treu sein kann.

„Es ist viel Subjektivität, in dem was ich mache und ich versuche diese Subjektivität etwas objektiv, wenn sie so wollen, wiederzugeben. Was objektiv ist weiß ich nicht genau. Ich finde objektiv ist, um ein einfaches Beispiel zu geben, die Leinwand, die ist flach, das ist objektiv. Ein Saal, in den man schaut, man kann sich als Subjekt sehen, das ein Objekt betrachtet, das wiederum anderes Subjektives reflektiert." (vgl. Godard, 1981, S. 54)

Diese Einstellung verbindet Godard mit einigen Erkenntnissen der Sprachphilosophie, insbesondere jenen des Strukturalismus, wie sie im zweiten Kapitel dargestellt wurden. Dabei ist insbesondere die Einsicht von Bedeutung, dass auf Grund der Vielzahl der Diskurse in denen wir uns bewegen und der subjektiven Repräsentation mithilfe der Sprache, kein objektiver Diskurs existiere. Eine objektive Wirklichkeit ist somit jeweils nur die Wirklichkeit ihres jeweiligen Diskurses. Die Anerkennung dieser Theorie treibt Godard dazu seinen eigenen subjektiven filmischen Diskurs zu entwickeln und diesen als solchen auch darzustellen.

Obwohl Godard in seinen Filmen einige Einflüsse der modernen Erkenntnis- und Sprachphilosophie, welche ich in Kapitel 2 präsentiert habe, anzunehmen scheint, in deren Zusammenhang die Auffassung einer zunehmenden Dezentralisierung des Subjektes entstanden ist, kämpft er jedoch in seinen Filmen gegen den Untergang des Subjektivismus. Ähnlich wie Freud, der hoffte mit seiner Psychoanalyse das Subjekt retten zu können indem er das Es analysiert und aus dem unbewussten Zustand in den bewussten Zustand hervorholt, versucht Jean–Luc Godard die Subjektivität mit Hilfe der kritischen Distanz aufrecht halten zu können (vgl. Sentürk, 2007, S. 235).

Die Dezentralisierung des Subjektes als eines der großen Themen der modernen Erkenntnistheorien wird dabei in Godards Filmen aufgegriffen und analysiert. Er manifestiert die Dezentralisierung des Subjektes mit filmischen Mitteln, indem er den Glauben in die Rationalität und die Logik, welche vom Subjekt ausgehen und welche hinter all unserem Handeln verborgen sein soll, hinterfragt. „What is the meaning?", fragt uns Godard beziehungsweise sein Alter Ego Jerzy, in *Passion* (1982). Mithilfe seines spezifischen Einsatzes von Sprache, auf den ich im Folgenden noch zu sprechen komme, hält Godard uns vor Augen, dass es nicht unsere Logik und die daraus resultierende Vernunft ist die uns dominiert, sondern unsere Sprache. Ferner präsentiert er den Menschen in einer Wirklichkeit, die sich aus verschiedenen Diskursen zusammensetzt. Diese Diskurse erscheinen in allen erdenklichen Formen. Seien es politische Diskurse, wie Vietnam, der Algerienkrieg, verschiedene kulturhistorische Diskurse, wie zum Beispiel aus der Filmgeschichte oder wissenschaftliche und philosophische Diskurse, wie der sprachphilosophische Diskurs. Dabei stellt Godard jedoch unter Beweis, dass er diese Diskurse als menschlich konstruierte versteht und sie deshalb mithilfe einer vollkommen neuen Filmsprache zu einem neuen eigenen subjektiven Diskurs transformieren kann.

4.5 Subjekt und Objekt bei Godard

Godards Charaktere stehen symbolisch für das konstante Hinterfragen des Subjekt-Objekt Verhältnisses. Statt einer reinen Objektivierung des Schauspielers wie es im klassischen Erzählkino üblich ist, lässt Godard seine Darsteller als reale Subjekte bestehen. Indem er die Schauspielerei explizit ausstellt und parodiert, nehmen wir die Darsteller als Subjekte die schauspielern wahr. Ein gutes Beispiel für das präzise Ausstellen der Rolle des dargestellten Charakters ist Ferdinands T-Shirt in *Pierrot le fou*, auf dem es heißt „Ferdinand". Dieser Aufdruck erinnert an die Klappstühle der Hollywoodstars der 20er– und 30er–Jahre, die mit dem jeweiligen Namen versehen waren und mahnt uns, dass Ferdinand lediglich der Name der Rolle ist, welcher Jean–Paul Belmondo in *Pierrot le fou* spielt.

Wir erkennen, dass Godards Figuren gleichzeitig Objekt und Subjekt sind. Er präsentiert beides im selben Bild, in derselben Person. Jean–Paul Belmondo als handelnder Agent (Subjekt) welcher den Charakter (Objekt des Zuschauers) Ferdinand darstellt. Dies ist einer der Gründe, weshalb es uns als Zuschauern so schwer fällt, Godards Charaktere zu fassen und uns in sie einzufühlen.

24

4.6 Distanzierung und Partizipation des Zuschauers

Godards Arbeit basiert auf der Intention den Zuschauer vom Dargestellten (vom filmischen Geschehen) zu distanzieren. Diese Methode der Distanzierung prägte und praktizierte bereits Bertolt Brecht mit seinem epischen Theater in den 30er-Jahren (vgl. Curran, 2011, S. 324). Wie bei Brecht basiert Godards Arbeit auf der Prämisse, dass der Zuschauer sich nicht in der Lage sieht sich in das Dargestellte einzufühlen, wie dies noch im klassischen Erzählkino angestrebt wurde (siehe Kapitel 3 meiner Ausführungen). Der Fokus hierbei scheint, wie Sentürk nachvollziehbar formuliert, auf der grundsätzlichen Annahmen zu beruhen, dass „Kritik im wissenschaftlich–diskursiven Sinne" (Sentürk, 2007, S. 238f) nur möglich ist, wenn „die Distanz zwischen Subjekt (Zuschauer) und Objekt (des Zuschauens)" (ebd.) dazu führt, dass „das Subjekt sich selbst und der nonfiktiven, physischen und objektiven Realität bewusst wird" (ebd.). Darüber hinaus ist es die Distanzierung von der filmischen Erzählung und den Charakteren, die es dem Zuschauer ermöglicht, seine Konzentration auf die klassischen Konventionen des Kinos zu lenken und sich darüber mit der Rezeption selbst auseinander zu setzen (vgl. ebd.). Um die Distanz zwischen Publikum und Film herzustellen, arbeitet Godard mit verschiedenen Methoden. Die Grundvoraussetzung für die Distanzierung ist die Abschaffung der klassischen Erzählstruktur in seinen Filmen. Grundsätzlich ist hierbei festzustellen, dass der Fokus von Godards Filmen nicht auf dem Erzählen einer Geschichte liegt. Er selbst hebt hervor: „I don´t really like telling a story. [...] I prefer to use a kind of tapestry, a background on which I can embroider my own ideas. But I generally do need a story. A conventional one serves as well, perhaps even best" (Godard zitiert in Roud, 1968, S. 49). Godards Filme basieren somit zwar auf einer Geschichte, jedoch wird diese so inkohärent und fragmentarisiert erzählt, dass sie wenig Ähnlichkeit aufweist mit dem was wir vom klassischen Erzählkino gewohnt sind. Sie bilden nur eine vage Basis, die am Rande eines großen Ganzen erzählt wird.[33] Im Grunde geht Godard von der klassischen Narrative aus, um sie in seinem Filmen nahezu vollständig zu dekonstruieren.

Ferner folgen Godards Geschichten keinem konventionellen Kausalitäts– und Kontinuitätsprinzip, wie im klassischen Erzählkino üblich. Wie Susan Sontag schreibt: „An art concerned with social, topical issues can never simply show that something is. It must indicate how. It must show why." (Sontag, 2009, S. 199). Dies ist unmissverständlich was Godard in seinen Filmen nicht tut, wie man beim Schauen von beispielsweise *Le Mepris, Passion, Le Mepris, La Chinoise* erkennt. Die Handlungen

---

[33]Sein erster Film, *À bout de souffle* ist wohl derjenige der am meisten auf einer „Story" basiert. Diese Story war eine reale Geschichte, über welche Truffaut, der dann auch das Drehbuh schrieb in einer Zeitung gelesen hatte (vgl. Freybourg, 1996, S. 70).

in Godards Filmen verweigern sich jeglicher Kausalität, das 'wie' und das 'was', welches die Erzählung vorantreibt, wird nie explizit erklärt. Neben der äußeren Erscheinung (womit ich die Fragmentarisierung des Filmes durch die Montage meine) führt die Tatsache, dass Godards Geschichten prinzipiell unthematisch sind, zusätzlich zu der Wahrnehmung seiner Filme als inkohärent und willkürlich. Unthematisch sind sie dabei in dem Sinne, dass es beispielsweise in *Vivre sa vie*, nicht *um* Prostitution geht, genauso wenig wie es in *Le petit soldat um* den Algerienkrieg geht (vgl. Sontag, 2009, S. 199). Godard erklärt weder noch analysiert er. Er stellt lediglich die Unerbittlichkeit eines Ereignisses aus (vgl. ebd.).

Ein weiteres Mittel den Zuschauer vom Dargestellten zu distanzieren ist, dass zu zeigen was der klassische Hollywoodfilm mit allen Mitteln zu übertünchen versucht hatte (siehe dazu auch Kapitel 3.2.): Die künstlerische, das heißt die technische Seite des Filmens. Dieses bezweckt, dass wir uns immer und immer wieder darüber bewusst werden, dass es sich beim Dargestellten nur um eine (subjektive) Repräsentation handelt.

Es ist vor allem Godards Montagetechnik, welche uns den Film als Konstrukt erfahren lässt. Grundsätzlich kann man hierbei sagen, dass Godards Arbeit. eine formalistische ist (vgl. Sentürk, 2007, S. 254). Der Formalismus, den Godard nutzt und welcher speziell von den russischen Regisseuren der 20er–Jahre geprägt ist, zeichnet sich aus „durch spezifische Montageformen, v.a. die Parallel-, Kontrast- und Assoziationsmontage, Beziehungen und Zusammenhänge zwischen Objekten und Personen hergestellt werden, die im konventionellen realistischen Erzählkino nicht vorkommen." (von Keitz, 2012). Diese speziellen Montageformen funktionieren auf einer assoziativen Ebene, einer „Sinnebene des Unsichtbaren" (ebd.), auf welcher der Zuschauer die Bilder in „metaphorischer oder metonymischer Art" (ebd.) deutet.[34] Godards Kontrastmontage (harter Schnitt) wird beispielsweise daran deutlich, dass Godard einzelne Einstellungen nicht länger, wie im klassischen Schuss-Gegenschusses zum Beispiel, logisch miteinander verbindet.[35] Während also der Schnitt im klassischen Erzählkino möglichst „unsichtbar" gemacht wird, indem zum Beispiel auf Augenhöhe geschnitten und immer flüssig übergeleitet wird, nutzt Godard den harten Schnitt. Er springt dabei zwischen Zeit und Raum und erreicht, dass man als Zuschauer den dargestellten Handlungsverlauf als etwas inkohärentes und somit diskontinuierliches empfindet. Das berühmteste Beispiel für Godards Montagetechniken

---

[34]Ein gutes Beispiel hierfür ist beispielsweise jene Szene aus Eisenstein's *Streik* (1925) in welcher dieser den Niederschlag des Arbeiteraufstandes mit Szenen einer Tierschlachtung zusammenschneidet.

[35]Einzelne Montagetechniken wie den „harten Schnitt" habe ich im Lexikon der Filmbegriffe nachgelesen. Verfügbar unter:
http://filmlexikon.uni-kiel.de/index.php?action=lexikontag=detid=4409

ist sicher der Jump Cut aus *À bout de souffle* (vgl. Monaco, 1981, S. 99).[36] Über den Jump Cut wird die Darstellung der filmischen Montagetechnik überspitzt in Szene gesetzt und für den Zuschauer wird der Film als Konstrukt erfahrbar.

Auch der Einsatz von Handkameras in vielen Godard Filmen, vor allem jedoch den früheren, macht die filmische Technik augenscheinlich. Diese wurden vor allem genutzt um ohne viel Aufwand auf der Straße zu drehen, was vor allem auch aus Kostengründen besonders in den frühen Filmen von den Nouvelle Vague Regisseuren ausgenutzt wurde (vgl. Sterrit, 1999, S. 6). Gleichzeitig erzielte es den Effekt authentischer zu sein als die Studio Produktionen (vgl. ebd.). Ganz generell zieht Godard das Drehen an realen Schauplätzen, an denen sich der Alltag der Menschen abspielt, dem Studio vor (vgl. ebd.).[37] Um einige Beispiele zu nennen: Patricias kleines Appartement in Paris in *À bout de souffle*, die Englisch Schule und die Cafe´s in *Bande à part* oder das moderne Paris, welches die dystopische Stadt Alphaville darstellt, in welcher Lemmy Caution ein seltsames Abenteuer erlebt.

Darüber hinaus finden sich weitere Methoden, welche Godard nutzt um den Film als Konstrukt auszustellen. Am augenscheinlichsten wird dies im Filmen des Filmens selbst wie beispielsweise in *Passion* oder *Le Mepris*.[38] Ferner sind es Mittel, wie das Starren der Charaktere in die Kamera, in nahezu allen seiner Filme (ein Entfremdungseffekt wie ihn bereits Brecht einsetzte), das Sprechen mit dem Publikum (*Vivre sa vie*, *Une femme est une femme*, *Pierrot le fou* etc.), das Sprechen über die Genres im Film (*Pierrot le fou*, *Une femme est une femme*, *Week End* etc.), das Sprechen über das Filmen in einem Film (*Le Mepris*, *Week End* etc.) bis zum Darstellen von Schauspielern, die schauspielern, wie beispielsweise in *Une femme est une femme*, welche deutlich aufzeigen, dass Godards Arbeit sich explizit kritisch mit dem Kino als Repräsentationsform auseinandersetzt (vgl. Madan, 2010, S. 2). All diese Stilelemente zur Distanzierung dienen dem Bewusstwerden darüber, dass Film keine Mimesis der Realität ist.

Ein weiteres Merkmal, welches Godard nutzt um das Filmbild zu problematisieren und als das auszustellen was es ist, die Repräsentation einer Repräsentation, ist die Nutzung von Dokumentation und Fiktion, welche im Folgenden Textabschnitt genauer dargestellt wird.

---

[36]Godard selbst beschreibt den Einsatz des Jump Cuts aus einer Not heraus um den Film zu kürzen (vgl. Godard, 1981, S. 29f)

[37]Godard sagt er mag es nicht auf der Straße zu drehen, er hätte dort keine Ruhe und wünschte er hätte sein eigens Studio wie Eisenstein (vgl. Godard, 1981, S. 25f). Filmt Godard im Studio, so stellt er dies wiederum in seinem Filmen explizit aus: wie beispielsweise in *Tout va bien* oder *Passion*.

[38]Im Vorspann von *Le Mepris* sehen wir Godards eigenes Set mit Raoul Coutard hinter der Kamera.

4.7 Godard und die Genres/Dokumentation und Fiktion

Jean–Luc Godard verbindet in seinen Filmen Fiktionalität mit dokumentarischer Realität. Beispiele hierfür sind Szenen wie jene in *À bout de souffle*, in welcher wir im Vordergrund Michelle und Patricia über die Champs-Élysées promenieren sehen und im Hintergrund Charles de Gaulle in schwarzer Limousine in Paris einfahren oder jene in welchen Godard reale Persönlichkeiten, die sich selbst spielen, in seinen Filmen auftreten lässt, wie beispielsweise Jean-Pierre Melville in *À bout de souffle*, Brice Parain in *Vivre sa vie* oder Fritz Lang in *Le Mepris*. Das Interessante hierbei ist, dass Faktizität und Fiktionalität in Godards Filmen ineinander greifen und er darüber das Filmbild als Darstellungsträger (Repräsentant) problematisieren kann (vgl. Freybourg, 1996, S. 68). Dies gelingt mittels zweier Methoden. In der Ersten finden wir die „dokumentarische Authentizität imitiert" (Freybourg, 1996, S. 68) und die „Klischees des Alltags protokolliert" (ebd.) und beides „vergleichend im Filmbild nebeneinandergestellt" (ebd.). Hier könnte man das stereotypische Gespräch zwischen Michelle und Patricia in ihrer kleine Wohnung in *À bout de souffle* nennen. Die zweite Methode konfrontiert „dokumentierte Realität und inszenierte Geschichte in ein und demselben Filmbild" (ebd.). Hier komme ich auf oben genanntes Beispiel aus *À bout de souffle* zurück, in welchem de Gaulle im selben Filmbild wie Jean Seeberg und Jean–Paul Belmondo zu sehen ist. Mit dem Wechsel von Dokumentation und Fiktion kreiert Godard „eine ständig kritische diskursive Reflexion zwischen dem Realen und Imaginären, zwischen seinem Filmen und dem Kino" (vgl. Sentürk, 2007, S. 243) und erreicht, dass die Aufmerksamkeit auf das Wahrnehmen der Ähnlichkeiten von Dokumentation und Inszenierung, Fiktionalität und Faktizität gerichtet wird (vgl. Freybourg, 1996, S. 68).

Jean–Luc Godard erklärt: „All great fiction tends towards documentary, just as all great documentaries tend toward fiction" (Godard zitiert in Madan, 2010, S. 1). Er nutzt das Hin- und Hergehen vom einen zum anderen, um darzustellen, dass das Kino immer zwischen zwei Polen oszilliert:

> „[V]om Dokumentarfilm zum Spielfilm, von Anna Karina zu Brice Parain in *Vivre sa Vie*, von Belmondo zu Prinzessin Dingsda in *Pierrot le Fou*, und dann wieder von einem realen Interview mit einem zu anderen, ebenfalls realen und versuchen, aus dieser wahren Realität das Irreale hervorgehen zu lassen" (Godard, 1981, S. 186).

Dieses Hin– und Hergehen bewirkt, dass wir die Darstellungsform oder das Genre, in Jean–Luc Godards Filmen nicht mehr exakt identifizieren können (vgl. Freybourg, 1996, S. 68). Das Arbeiten zwischen den Genres zeichnet hierbei eine neue Tendenz in der Filmwelt aus, welche die Nouvelle Vague als eines ihrer charakteristischen Elemente prägt. Im Gegensatz zur amerikanischen Genretradition speziell der 40er–und 50er–Jahre (zum Beispiel dem Melodram) lassen sich Jean–Luc Godards Filme nicht in dem Diskurs eines einzelnen Genres fassen. Sie enthalten lediglich Elemente aus beispielsweise dem Western, dem Film Noir, dem Gangsterfilm, dem Realismus und Neorealismus und dem Drama. Seine Haltung gegenüber der Kinogeschichte ist in dem Sinne eine interpretatorische, dass Godard den Genres einer strukturalen Neuinterpretation unterzieht und sie in einen eigenen Diskurs transformiert (vgl. Sentürk, 2007, S. 245). Aus ihrem Zusammenhang gerissen und in einem anderen Kontext gestellt, erscheinen uns die verschiedenen Elemente der Genres somit oftmals als Parodie. Über die ironische Repräsentation von Filmgeschichte werden wir ein weiteres Mal dazu anregt oder aufgefordert, über die Konventionen des Kinos zu reflektieren und uns unserer Rezeption (ohne die Möglichkeit uns in der Erzählung zu verlieren) gewahr zu werden.

Doch sind es nicht direkt Genres, sondern stellvertretend einzelne Filme und Filmszenen, welche Godard in seinen Filmen neu interpretiert und sie in einen vollkommen neuen Kontext setzt. Um ein Beispiel hierfür zu geben: In *Film Socialisme* kopiert Godard die Bilder von Trapezkünstlern aus Agnes Vardas *Les plages d'Agnes*. In seinem Film stellt er diese Bilder dann in einen völlig neuen Kontext, in welchem sie Godards Idee von einem gemeinsamen Zirkusprojekt zwischen Israelis und Palästinensern repräsentieren (vgl. Godard im Interview mit Jean–Marc Lalanne, 2010)(vgl. Godard im Interview mit Jean-Marc Lalanne, 2010). Die Bilder sind dieselben und vermitteln etwas gänzlich anderes.

4.8 Godard und die Kunst– und Kulturgeschichte

In Godards Filmen gibt es zwei große Schnittpunkte an denen sich die filmische Fiktion mit realer Geschichte kreuzt. Der eine ist die Politik (die im nächsten Abschnitt erklärt werden soll), der andere die Kulturgeschichte. Godard greift dabei nicht nur auf die Filmgeschichte zurück, sondern auch auf die Literatur, die Musik, die Malerei und die Philosophie. In seinen Filmen finden wir unzählige Zitate andere Künstler, Wissenschaftler und Denker. Er bringt die Malerei, die Poesie, die Musik in den Film, ermöglicht eine völlig neue Rezeption des jeweiligen Kunstwerkes und provoziert. John Simons beispielsweise berichtet in seinem Essay *Godard and the Godardians* darüber wie schockiert er war zu lernen, dass Godard in *À bout de souffle*, Apollinaire Gedichte zitieren lässt. Für ihn ist dies ein Affront gegenüber Frankreichs feinster Lyrik des 20. Jahrhunderts, zumal er strikt zwischen höherer Kunst (Literatur, Musik, Malerei) und niedriger Kunst (Film und Fotografie) unterscheidet (vgl. Monaco, 1981, S.101). Genau diese Art von Unterscheidung unterläuft

Godard mit seinen Zitierverfahren im Film.

4.9 Politik bei Godard

Wie das epische Theater Brechts ist Godards Kino politisch. Für Jean–Luc Godard scheint festzustehen: Will man soziale Realität abbilden, kommt man um die Politik nicht herum. Sie bildet die Basis unserer Geschichte, unserer Gesellschaft und muss daher notwendiger Weise im Kino behandelt werden (vgl. Freybourg, 1996, S. 69). Godard nutzt die Politik als dokumentarisches Element. Sehen wir beispielsweise den Einzug de Gaulles in Paris in *À bout de souffle*, so gibt uns Godard damit einen Hinweis auf die politischen Ereignisse um das Drehjahr.[39] Godard nutzt diese dokumentarischen Bilder jedoch nicht nur als Fingerzeig auf die jeweils aktuelle politische Lage, sondern für ihn ist es entscheidend, mit seinen Filmen in den politischen Diskurs einzugreifen und „politische Machtstrukturen als ideologische Mechanismen aufzudecken" (Freybourg, 1996, S. 171).[40] Er erkennt jedoch auch, dass der Film so wie er ihn nutzt (Fiktion/Dokumentation) nicht alle „kritischen Elemente eines historiographischen Diskurses, wie etwa Gegenargumente, andere Quelleninterpretationen oder breite Informationsfülle" (Freybourg, 1996, S. 171) darstellen kann.

Wie zuvor erklärt akzeptiert Godard, dass die objektive Darstellung der Realität und somit auch der politischen Realität ein unmögliches Unterfangen ist, da Realität immer von der Kamera gerahmt wird. Die Überzeugung, dass man lediglich seiner eigenen subjektiven Interpretation von Wirklichkeit treu sein kann gilt somit auch für die Darstellung von Politik. Godard muss also in seinem Filmen seine subjektive politische Stellungnahme abgeben (vgl. Freybourg, 1996, S. 171). Godards subjektive politische Einstellung basiert hierbei grundsätzlich auf einem marxistischen Denken (vgl. Thiher, 1976, S. 948).[41] Das sozialistisch- kommunistische Denken wird in allen seinem Filmen über die kritische Reflektion des kapitalistischen Systems und der Konsumgesellschaft deutlich. Angefangen von der Ablehnung des auf Kapital gegründeten Hollywoodkinos (*Le Mepris*), über die Darstellung der kapitalistischen Überflussgesellschaft in (*2 ou 3 choses que je sais d'elle*) bis zur kapitalistischen Ausbeutung (*Tout va bien*) und Objektifizierung des Menschen selbst (*Vivre sa vie*).

---

[39]Charles de Gaulle wurde am 21. Dezember 1958 als Präsident Frankreichs wiedergewählt und hatte einige Monate vorher eine neue Konstitution unterzeichnet, welche ihm nun mehr als Präsident erheblich mehr Macht als zuvor zusprach (vgl. Babula, 2012, S. 1).

[40]Am eindrucksvollsten erleben wir dies wohl in seinem bis zu diesem Zeitpunkt letzten Film *Film Socialisme*.

[41]Dieses hat sich, wie Ryan Babula anführt vor allem in Zusammenhang mit der De Gaullschen Regierung der 50er– und 60er–Jahre in Frankreich, verstärkt herausgebildet. Marxistische Einflüsse werden bereits in Godard früheren Werken deutlich, wie ich im Folgenden an *Alphaville* beispielhaft machen werde. Spätestens seit Ende der 60er–Jahre wurde Godards politische Haltung in Zusammenarbeit mit der Dziga Vertov Gruppe offiziell und radikaler als zuvor (vgl. Freybourg, 1996, S. 47).

Godards Filme zeugen dabei von einem konstant zunehmenden Engagement für ein politisches Bewusstsein. Dieses Engagement auf den Film zu übertragen erfordert „mit aller Konsequenz eine radikale Infragestellung des Gebrauchs der Filmsprache" (Freybourg, 1996, S. 46). Godard nimmt in seinem Filmen nicht nur die Reformierung der Filmsprache vor, sondern versucht eine generelle Reflektion über die Sprache (*langue*) allgemein anzuregen.

4.10 Die Sprache bei Godard: Die Wörter, die zu den Bildern führen

> „The sign forces us to see an object through it´s significance" (Parain zitiert nach Monaco, 1981, S. 105).

Godard scheint Aspekte der spätmodernen Theorien zur Sprache anzunehmen und diese in seinen Filmen aufzugreifen. Die Macht der Sprache wird in seinem Filmen untersucht, analysiert und darüber hinaus zu brechen versucht (vgl. Madan, 2010, S. 2). Dies wird daran erkennbar, dass er den Wörtern in seinen Filmen Vorrang vor den Bildern gibt. Im Grunde genommen ist es sogar so, dass uns die Wörter in Godards Werken meistens zu den Bildern führen und nicht umgekehrt (vgl. Sentürk, 2007, S. 238). Besonders gut lässt sich dies beobachten wenn in einer Einstellung keine die Handlung vorantreibende Aktion stattfindet, sondern lediglich gesprochen wird oder Sprache in Form von Untertiteln erscheint (vgl. ebd.). Das Bild erstarrt dann genau so lange wie es ihm der Text vorgibt (vgl. ebd.). Die Sprache wird von Godard auf allen möglichen Ebenen genutzt, zum Beispiel in Form der wörtlichen Rede, Zwischen- und Untertiteln, Off- Kommentaren oder dem Voice Over (vgl. ebd.). Dies allein ist nicht ungewöhnlich, jedoch ist es die Tatsache, dass Godard die Sprache nutzt um die narrative Struktur zu brechen und somit einen Abstand zwischen Zuschauer und dem Geschehen schafft (vgl. ebd.). Durch die gezielte Platzierung der Worte und Zeichen schafft Godard es dem Zuschauer den Film als Ereignis gewahr werden zu lassen (vgl. ebd.). Zum Beispiel gelingt ihm dies mithilfe der elliptische Dekonstruktion von gesprochen Sätzen. (vgl. Madan, 2010, S. 1).[42] Dies ermöglicht ihm den Einfluss der Sprache auf unsere Wahrnehmung der Realität deutlich zu machen und den Handlungsverlauf zu durchbrechen. Mithilfe der elliptischen Dekonstruktion, zerstört er nicht nur einzelne Sinnzusammenhänge, sondern auf größere Sicht die Kohärenz der Geschichte, „indem [er] unvermittelt Sätze aus dem immanenten Zusammenhang" (Sentürk, 2007, S. 249) herausnimmt. Godard

---

[42]Elliptische Sprache bedeutet, dass der logischen Konstruktion von Sätzen nicht gefolgt wird. Sätze sind fragmentarisiert und gebrochen. Es fehlen sprachliche Elemente die aufgrund der Regeln des Satzbaus und der Grammatik von Nöten wären (vgl. Busler, 2008, S. 8f).

begründet seine Arbeitsweise mit seinem persönlichen Eindruck davon, dass der Zuschauer anhand der alltäglichen Überflutung mit Bildern, welche unseren Alltag immer mehr durchdringen, vollkommen verloren ist (vgl. Sentürk, 2007, S. 238f). Gegen diese sinnlosen Bilder hält Godard Bilder, die mit Hilfe der gleichzeitigen Töne neue Sinnzusammenhänge produzieren können (vgl. ebd.).

Ein anderer Punkt indem Godard die Sprache den Bildern vorzieht findet sich in der Darstellung von Emotionen. Ganz im Gegensatz zum klassisch–narrativen Hollywoodkino, welches unsere Emotionen permanent herausfordert und provoziert, sehen wir uns in Godards Filmen oftmals in einer Position in der uns die Möglichkeit des Einfühlens in die Figur genommen wird. Emotionen werden in Godards Filmen eher in Wörtern beschrieben, in Gedichten beispielsweise, als im Bild dargestellt (vgl. Madan, 2010, S. 2). So kann Godard zum Beispiel das Bild, eine Nahaufnahme von Anna Karina als Natascha in *Alphaville*, mit einem rezitierten Eluard Gedicht unterlegen. Mal blickt sie dabei tiefbewegt, dann wider unberührt in die Kamera. Er distanziert uns von dem Charakter, indem er nicht Natascha selbst, also in den eigenen Worten der Rolle sprechen lässt, sondern an ihrer Stelle die Worte Eluards als Ausdruck ihrer Gefühle nutzt. Die Gefühle des Charakters können von uns auf diesem Weg nur assoziativ gedeutet werden. Sie sind uns vorerst verschlossen und können erst über die Interpretation von Eluards Worten erahnt werden. Zusätzlich wird diese Interpretation durch den Umstand erschwert, dass nicht einmal Mimik und Gestik von Godards Figuren eindeutig deutbar sind. Susan Sontag schreibt: „The images seem arbitrary sometimes, expressing a kind of emotional neutrality; at other times, they indicate an intense involvement." (Sontag, 2009, S. 202).

Die Tatsache, dass wir die Emotionen der Figuren in Godards Filmen oftmals nicht eindeutig zuweisen können, lässt uns Freiheit zur Interpretation und nimmt uns die Möglichkeit nur eine Wahrheit zu sehen. Stattdessen wird es uns möglich festzustellen, inwieweit wir in unserem eigenen Erfahrungsraum eingeschlossen sind. Darüber hinaus grenzt sich Godard mit seiner Präsentation von Emotionen gegen die Darstellung dieser im klassisch–narrativen Film ab. Er drückt hierin sein Besorgnis für den Status des Emotionalen im Film aus und übt Kritik an der Darstellung und Aufbereitung von Gefühlen im Hollywoodkino (vgl. Madan, 2010, S. 2). Der Text/die Sprache dient erneut als Möglichkeit zur Distanzierung und Reflektion und ist den Bildern übergeordnet: „It is as though Godard hears, then looks at what he hears" (Sontag, 2009, S. 202).

Jene Darstellung von Emotionen ist überdies dafür verantwortlich, dass den Filmen der Nouvelle Vague oftmals eine bestimmte „Trockenheit" vorgeworfen wird (vgl. Madan, 2010, S. 1). Diese emotionale Trockenheit ist nur ein Punkt den das Publikum kritisiert. Darüber hinaus gibt es verschiedene andere Punkte, welche das

Publikum in Zusammenhang mit Godards Kino als problematisch empfindet. Einige dieser Punkte sind bereits aus dem vorhergehenden Text hervorgegangen und sollen im folgenden Kapitel noch einmal abschließend auf den Punkt gebracht werden.

4.11 Godard und das Publikum

Wie man bereits aus den in der Einleitung genannten Zuschauerzahlen ablesen kann haben Godards Filme nie ein großes Publikum erreicht. Seine Filme, obwohl in der Absicht gemacht von vielen gesehen zu werden, blieben aufgrund ihres „formalistisch–diskursiven Intellektualismus" (Sentürk, 2007, S. 240) bei den gewöhnlichen Kinogängern unbeliebt.

Seine Filme anzusehen bedeutet sich anzustrengen. Alle von mir im vorangegangenen Kapitel genannten Methoden und Stilmittel Godards fordern unsere permanente Aufmerksamkeit. Der Zuschauer soll angeregt werden über die verschiedensten Themen welche Godard in seinen Filmen einbindet zu reflektieren. Man könnte also sagen Godard sei möglichst bemüht seinen Filmen die rein visuelle Lust zu rauben und stattdessen unsere intellektuelle Lust zu wecken (vgl. Sentürk, 2007, S. 255). Oder auch, dass er versucht eine intellektuelle Unlust mit Hilfe seiner Filme zu stimulieren (vgl. ebd.). Bei den Zuschauern kommt das augenscheinlich schlecht an. Die Tradition des Kinos liegt eben in der Unterhaltung, dem Entertainment und der Bestätigung und Manifestierung unserer Ideologien durch filmische Konsumwaren. Dies herauszufordern stößt bei vielen Kinogängern auf Unverständnis. Doch genau dies ist eben was Godards Kino tut. Er präsentiert uns keine fertigen ästhetischen Objekte für eine entspannte Unterhaltung: Seine Filme sind spannungsvolle, kurvenreiche, sich abmühende und unabgeschlossene Essays (vgl. Monaco, 1981, S. 100ff). Für Godard ist es eine Frage der Ethik wie man mit dem Publikum umgeht. Er hat beschlossen es ernst zu nehmen und an es zu glauben. Zu dem Vorwurf nicht ans Publikum zu denken sagt Godard:

> „Ja, aber an ein Publikum zu denken, bei den meisten ist das der große Betrug. Sie sagen: Man muss das Publikum respektieren, man muss ans Publikum denken, man muss daran denken, dass der Film das Publikum nicht langweilt. Vor allem muss man daran denken, dass, wenn ein Film das Publikum langweilt, es ihn nicht anschaut und der, der so redet, wenn er Geld in den Film steckt, es jedenfalls verlieren wird. Es wäre richtiger, er würde sage: Ich muss versuchen, die größtmögliche Menge Leute anzulocken, um die größtmögliche Menge Geld zu verdienen." (Godard, 1981, S. 81)

5 Alphaville

Im Folgenden Kapitel soll nun einer von Godards früheren Filmen *Alphaville, une étrange aventure de Lemmy Caution* (1965), auf die in den vorhergegangen Kapiteln der Arbeit dargestellten Zusammenhänge hin, untersucht werden. Beginnen möchte ich diesen Abschnitt mit den Worten und Gedanken Godards über den Film, sowie einer kurzen Zusammenfassung des Inhalts. Daraufhin werden die zentralen Diskurse, welche in *Alphaville* behandelt werden, dargestellt. Neben dem Sprachaspekt, auf welchem das Hauptaugenmerk liegen soll, soll *Alphaville* mit einigen, der im vorhergehenden Kapitel dargestellten, besonderen Charakteristika von Godards Arbeit in Verbindung gesetzt werden. Dies sollen vor allem dazu beitragen die kulturgeschichtlichen, und speziell die kinogeschichtlichen und politischen Kontexte und Bezugnahmen in *Alphaville* zu beleuchten. Ferner sollen Bezüge zu den in Kapitel 4 genannten Charakteristiken in Godards Filmkunst hergestellt werden. Diese sollen an dem konkreten Beispiel *Alphaville* aufzeigen, inwiefern Godard die Krise der Repräsentation und die des Subjektes in seinen Filmen reflektiert.

5.1 Godard über Alphaville

Alphaville, une étrange aventure de Lemmy Caution von 1965 ist Jean–Luc Godards neunter Film, nach *Une femme mariée (fragments d'un film tourné en 1964 en noir et blanc)* 1964 und vor *Pierrot le fou* welcher ebenfalls 1965 in die Kinos kam (vgl. Godard, 1981, S. 110). *Alphaville* war eine Auftragsarbeit. André Michelin hatte ihn gebeten einen Film mit Eddie Constantine zu drehen (vgl. ebd.). Neben Constantine, welcher „unbeweglich wie ein Klotz" (Godard, 1981, S. 111) den Privatdetektiv Lemmy Caution mimt, wird die zweite Hauptrolle von Anna Karina dargestellt. Sie hingegen „spielt wirklich wie im Stummfilm, mit dem ganzen Körper" (Godard, 1981, S. 111).[43] Godard, der sich selbst stets kritisch gegenüber steht, konstatiert er habe sich in *Alphaville* zu wenig mit eingebracht (vgl. Godard, 1981, S. 122). Seine Gedanken, so sagt er, finden lediglich Ausdruck in den Ideen Anderer, da er selbst „keine Ideen hatte" (Godard, 1981, S. 122). Jedoch nutzt er die Ideen der Anderen, die Worte Paul Eluards zum Beispiel, in seinem Film auf eine Art und Weise, welche seinen eigenen Gedanken Ausdruck verleihen.

> „Es ist da als Augenblick, es ist zwischen den Bildern, sozusagen ein
> Augenblick zum Atemholen, dazu kann der Text dienen, aber unabhängig

---

[43]Die Ähnlichkeit Anna Karinas mit den Stummfilmschönheiten ist auch Klaus Theweleit nicht entgangen. Er vergleicht Natascha von Braun mit Pola Negri, Asta Nielsen und Louise Brooks (vgl. Theweleit, 2003, S. 54ff).

vom Gesicht. Die Wörter "Hauptstadt der Schmerzen" sieht man, und danach dann sieht man ein Gesicht, das blickt – ein Montageffekt. Den Text zu sehen als Maler, als Kaligraph, als Zeichner [...]" (Godard, 1981, S. 122)(Godard 1981, S. 122).

Den Text als Zeichner sehen, dies ist es was Godard tut, auch wenn er von sich behauptet er hätte das Zeichnen verlernt (vgl. ebd.).

5.2 Alphaville, une étrange aventure de Lemmy Caution

Lemmy Caution ist Privatdetektiv. Mit seinem Ford Galaxie erreicht er die Hauptstadt des Universums Alphaville um nach seinem vermissten Freund und Kollegen Henri Dickson, dargestellt von Akim Tamiroff, zu suchen und das Geheimnis Professors von Braun zu lüften. Sehr bald wird Lemmy, der sich als Reporter der Figaro Pravda ausgibt, bewusst, dass Alphaville sich stark von den „äußeren Welten", aus denen er stammt, unterscheidet. Als er seinen Freund (Henri Dickson) aufspürt, erfährt Lemmy, kurz vor dessen Tod, dass die Stadt unter der Kontrolle des Computersystems Alpha 60 steht, welches von Professor von Braun erschaffen wurde. Liebe, Dichtung und Gefühle sind in Alphaville verboten. Alle die sich diesen Geboten widersetzen werden entweder in den Selbstmord getrieben oder umgebracht. Es ist die Logik, die in Alphaville regiert. In Begleitung von Natascha von Braun, der Tochter des Professors gelingt es Lemmy unter dem Vorwand Reporter zu sein an den so genannten „Festspielen" teilzunehmen. Diese sind nicht mehr oder weniger, als die öffentliche Hinrichtung von Menschen die Emotionen gezeigt haben. Als Lemmy sich Zugang zu Professor von Braun verschafft, um diesen zu sprechen, endet dies damit, dass er von dessen Bodyguards zunächst verprügelt und daraufhin in ein Verhörzimmer geführt wird. Hier wird Lemmy einer Befragung von Alpha 60 unterzogen, in welcher er seine Herkunft und die Gründe seines Kommens unterschlägt. Er wird vorerst auf freien Fuß gesetzt. In dem Ziel ihn als Spion zu gewinnen, wird Lemmy das technische System der Stadt von den zuständigen Ingenieuren erklärt. In diesem Zusammenhang erfährt er auch, dass Professor von Braun vorhat die „äußeren Welten" anzugreifen. Lemmy fasst den Plan, Professor von Braun zu töten und somit den Angriff zu verhindern. Als er in sein Hotelzimmer zurückkehrt, wartet Natascha auf ihn. Mit deren Hilfe kann Lemmy das letzte große Geheimnis Alphavilles lüften. Nämlich, dass die Sprache der Schlüssel zur Macht in Alphaville ist. Ein Wörterbuch, die „Bibel" genannt, wird täglich aktualisiert für die Bewohner bereitgestellt. Alle Wörter welche keinem rationalen Zweck zuträglich sind, wie z.B. Rotkehlchen und Herbstlicht, werden gestrichen. Nicht nur im Buch, sondern auch in den Köpfen der Einwohner Alphavilles, verschwinden die Wörter und mit ihnen die Gedanken und Gefühle, die sie nun nicht mehr kommunizieren können. Lemmy bewaffnet sich mit zwei Dingen, seiner Pistole und der Poesie Paul Eluards. Als Natascha und er von den Agenten ins Koordinationszentrum abgeführt werden und Lemmy, als Agent der äußeren Welten enttarnt, erneut von Alpha 60 befragt wird stellt er dem Computersystem ein Rätsel: „Something which never changes, day or night. The past represents its future, it advances in a straight line...yet it ends by coming full circle." Alpha 60 schwört herauszufinden was dies bedeutet. Lemmy verspricht, dass sich das Computersystem mit der Antwort selbst zerstören wird, da es dann zu seinem Verwandten, seinem Bruder wird. Der Selbstzerstörungsprozess beginnt direkt und Alpha 60 kann Lemmys Flucht aus dem Koordinationszentrum nicht verhindern. Dieser macht sich auf Professor von Braun zu finden. Mit Gewalt dringt er in das Zentralgebäude ein und spürt von Braun auf. Zunächst fordert er ihm auf, mit ihm in die äußeren Welten zu kommen. Als Professor von Braun verneint und stattdessen versucht Lemmy davon zu überzeugen er solle in Alphaville bleiben, erschießt dieser ihn. Mit von Brauns Tod ist auch Alpha 60 endgültig zerstört. Lemmy kehrt zurück in das Institut für Einwohnerkontrolle um Natascha zu retten und mit ihr zurück in die äußeren Welten zu reisen. Im Auto, die Stadt hinter sich lassend, rät Lemmy Natascha sie solle sich nicht umdrehen. Den Blick konzentriert geradeaus gerichtet spricht Natascha die letzten Worte des Filmes: „Je vous aime.„

5.3 Alphaville und die klassische Erzählstruktur

Unter Kapitel 4 stellte ich fest, dass Godards Filme keiner expliziten klassischen Dramaturgie mehr folgen. Tatsächlich zählt *Alphaville*, als einer von Godards frühen Filmen, zu einem derjenigen, die im Vergleich zu anderen seiner Filme als recht zugänglich empfunden werden. Von der Einleitung („It was 24.17 Oceanic Time ...when I approached the suburbs of Alphaville") über den Höhepunkt (Lemmys Flucht und anschließende Tötung Professor von Brauns) bis zum „Je vous aime" im Happy End wird in Alphavilles Dramaturgie ein roter Faden verfolgt. Dieser rote Faden scheint jedoch das genaue Gegenteil von dem zu bezwecken, was er zunächst suggeriert. Tatsächlich ist *Alphaville* eine Parodie unterschiedlichster Genres und vor allem der klassischen Erzählstruktur selbst. Angefangen von der Ausstellung der Montageeffekte, wie zum Beispiel in der Szene in welcher Natascha hinter drei verschiedenen Türen in Lemmys Hotelzimmer steht und auf ihn wartet, bis zum Bruch mit dem Kausalitätsgesetz, welches darin offenbar wird, dass verschiedene Fragen in *Alphaville* offenbleiben, wie beispielsweise die Geschichte Henri Dicksons, oder der Interpretation unterliegen, wie beispielsweise die Antwort auf das Rätsel welches Lemmy Alpha 60 aufgibt. Im Grunde zeigt sich erneut, dass Godard auch in *Alphaville* die „Story" nur als Hintergrund für seine Ideen benutzt.

Alphaville mag im Vergleich mit anderen Filmen Godards, durch die relativ kohärent erzählte Handlung, als einer seiner zugänglichsten Filme empfunden werden. Hinter dieser vermeintlichen Zugänglichkeit versteckt sich jedoch ein hochkomplexes und vielschichtiges Werk, von welchem James Travers schreibt, er denke zu behaupten man würde *Alphaville* vollständig verstehen sei reine Selbsttäuschung (vgl. Travers 2011). Ich bin geneigt ihm zuzustimmen, möchte jedoch versuchen ein wenig Licht in die dystopische Welt von *Alphaville* zu bringen.

5.4 Alphaville und der Diskurs der Moderne

Godard verhandelt in *Alphaville* die materiellen und diskursiven Bedingungen des historischen Moments um 1965 (vgl. Utterson, 2008, S. 46). Schnell zu erkennen ist, dass er sich mit dem technologischen Diskurs der 60er–Jahre auseinandersetzt. Mit der Weiterentwicklung des Computers in den 50er–Jahren manifestiert sich die Erkenntnis, dass die fortschrittliche Technologie unsere menschliche Existenz tief greifend verändern wird. Dies führte zu zwei verschiedenen Standpunkten: die einen stehen der modernen Technik skeptisch gegenüber (technophobic), während die anderen vor Begeisterung für den unaufhaltbaren Fortschritt in der Technologie (technophilic) nahezu keine Kritik zulassen. Jean–Luc Godard präsentiert in *Alphaville* eine humanistische Kritik an den modernen technologischen Entwicklungen. Die dystopische Welt Alphavilles, in welcher die Technik den Menschen in die Sklaverei statt in die Freiheit getrieben hat, ist, wie Andrew Utterson schreibt, die audiovisuelle Realisation kritischer Theorien einer technologischen Gesellschaft wie die von Jacques Ellul, Lewis Mumford, Herbert Marcuse, Jürgen Habermas und anderen. (vgl. Utterson, 2008, S. 45ff).[44] Um dies mit Habermas beispielhaft darzustellen: Ein zentraler Punkt in Habermas Kritik ist, dass Karl Marx's Theorie von dem progressiven Potential der produktiven Kräfte, sich nicht auf die spätkapitalistischen Gesellschaft anwenden lässt. Stattdessen haben die produktiven Kräfte selbst die Rolle der Ideologie angenommen (vgl. Habermas, 1971, S. 81ff). Diese These ist eine zentrale Prämisse in der technokratisch–kritischen Debatte der späten Moderne und Postmoderne. Um unsere Wünsche zu erfüllen und die technische Entwicklung voranzutreiben, ist der Mensch von der Beherrschung der Natur dazu übergegangen sich selbst zu beherrschen. Mit Hilfe der Technik instrumentalisiert er sich selbst. Diese These findet sich in *Alphaville* reflektiert, wie in der filmischen Handlung

---

[44]Eine „Dystopie ist eine Schilderung einer fiktiven Gesellschaft, in der sich gegenwärtige soziopolitische Tendenzen auf erschreckende Weise und mit fatalen Konsequenzen weiterentwickelt haben." (Baccolini & Moylan, 2003, S. 1ff zitiert in Franck 2010, S. 6). Dystopien implizieren zumeist eine direkte Kritik an den aktuellen sozipolitischen Zuständen und fordern den Rezipienten zum Reflektieren auf, in der Hoffung das aus der Reflektion ein Handeln folgt (vgl. Franck, 2010).

ersichtlich wird. Professor von Braun gelingt es, mithilfe des von ihm erfundenen Computersystems, die Bewohner Alphavilles zu versklaven.

Im Mittelpunkt dieser Arbeit steht jedoch die These, dass diese technische Beherrschung und Kontrolle lediglich mithilfe der Sprache möglich ist und somit der Fokus des Filmes auf der Sprache selbst liegt. Dies wird daran deutlich, dass Jean–Luc Godard die Macht der Sprache auf zwei verschiedenen Ebenen präsentiert. Einmal in der filmischen Arbeit selbst, in der er (wie zuvor in Kapitel 5.9. dargelegt) den Wörtern den Vorrang vor den Bildern gibt und die Sprache als Instrument nutzt mit den klassischen Konventionen im Film zu brechen. Zweitens indem er die Sprache selbst zum Thema des Filmes macht und ihre Macht in der filmischen Geschichte darstellt.

Ein wichtiger Schlüssel zu eine vertieften Verständnis des Filmes liegt in der Einbeziehung der intellektuellen Umstrukturierung, die zu dessen Entstehungszeit Mitte der 60er–Jahre einsetzte. Wie schon im Kapitel 2.2. erwähnt, fand sich die philosophische Strömung des Existenzialismus, als die große intellektuelle Bewegung des 50er–Jahre, zunehmend vom Strukturalismus abgelöst (vgl. Utterson, 2008, S. 48). Die strukturalistische Bewegung hat, wie im Kapitel 2.2. der Arbeit dargelegt, wenig Interesse für die menschliche Handlungsmacht und sieht dieser nahezu vollkommen dem Zeichensystem unterworfen. In *Alphaville* hat Professor von Braun die Macht unserer Sprache erkannt und beschlossen sie zu nutzen um die Bewohner Alphavilles zu dominieren. Der Schwerpunkt der folgenden Analyse wird sich daher der Frage widmen, inwiefern Godard die strukturalistische Bewegung der 60er–Jahre in *Alphaville* aufnimmt und verarbeitet.[45]

5.5 Alphaville und die Macht der Sprache

In *Alphaville* wird Sprache – mit welcher ich nach Saussure die *langue* (Zeichensystem) meine – auf verschiedenen Ebenen genutzt. Abgesehen von der wörtlichen Sprache (*parole*) arbeitet Godard in *Alphaville* auch mit Zeichen in symbolhafter Form. So werden beispielsweise Bilder von Einsteins Formel $E = mc^2$ als Symbol für die Logik, das Portrait von Brauns, welches als Symbol für Macht den Vergleich zu anderen totalitären Herrschern suggeriert, ein aufleuchtendes SS am Fahrstuhl, in Anlehnung an die NSDAP oder Leuchtreklamen, welche die Prinzipien der Stadt: Schweigen, Logik, Sicherheit, Vernunft propagieren, in den Film eingestreut. Zwischen- und Untertitel nutzt Godard in *Alphaville* nicht. Der Fokus des Filmes

---

[45]Diese Theorie greift bereits Andrew Utterson auf, welcher schreibt *Alphaville* präsentiere die Bewegung der intellektuellen Theorien vom Existenzialismus hin zum Strukturalismus auf (vgl. Utterson, 2008, S. 48). Sowie von Ryan Babula in seinem Text „The politics of pre political Godard: Alphaville"; Made in USA., auf Seite 2.

liegt auf der wörtlichen Rede (*parole*). Diese ist in *Alphaville* wie in anderen Godard Filmen inkohärent und elliptisch. Ferner gibt Godard auch in *Alphaville* den Wörtern den Vorrang vor den Bildern. Dies erscheint, vor allem im Vergleich mit dem klassischen Erzählkino und dem Versuch sich von ihm abzusetzen, einleuchtend. In jenem ist das Bild vorrangig dasjenige was erzählt und der Ton dem Bild, als ein Mittel um die Situation zu erklären, untergeordnet oder gleichgesetzt. Wir sehen etwas und der Ton unterstützt die Wahrnehmung, welche die Bilder uns bereits suggeriert hatten.

Bei Godard verläuft dies etwas anders. Tatsächlich scheint dieser erst zu hören und dann zu sehen was er hört, wie es Susan Sontag formulierte (vgl. Sontag, 2009, S. 202). In *Alphaville* erleben wir, dass Ton und Bild wesentlich abstrakter zusammengefügt sind, als im klassischen Erzählkino. Oftmals offenbart sich uns im Moment ihres Zusammentreffens weder eine eindeutige Zuordnung noch Bedeutung. Beides, Bild und Ton bedürfen einer Kontextualisierung und Interpretation auf einem höheren Level. Deutlich wird dies beispielsweise wenn wir Alpha 60, während der Lektion im Institut für Semantik, im Voice Over zu uns sprechen hören. Unterlegt sind dessen Ausführungen mit Bildern, welche unter anderem eine Zeichnung von einem Mann und einer Frau, die anstelle von Augen die Wörter Oui und Non im Gesicht tragen, verschiedene Skizzen mit Wörtern wie Pour que oder SOS und ein Frauenportrait. Die Bilder allein aneinandergereiht ergeben keinen Sinn. Sie erklären sich nicht von allein. Erst die Wörter Alpha 60 erklären und verbinden die einzelnen Einstellungen. Tatsächlich ist dieses Verfahren eines der ältesten der Filmgeschichte. So wurde es in ähnlicher Weise im Stummfilm genutzt, in welchem das Wort (als Zwischentitel) die einzelnen Sequenzen miteinander verknüpfte und uns das Bild erklärte (vgl. Sontag, 2009, S. 200). Jean–Luc Godard stellt in seinem Filmen also die Abgrenzung von Wort und Bild wieder her (wie sie im Stummfilm existierte), allerdings auf einem ganz neuen Level (vgl. ebd.).

Die Nutzung von Voice Over und Off Stimmen, welches auch ein typisches Noir Element ist (vgl. Kapitel 3.2.), ist in *Alphaville* sehr präsent. Man gewinnt den Eindruck, es spräche ständig jemand zu einem, ohne, dass man den Stimmen immer eindeutig Raum und Zeit zuordnen können. Ein Beispiel für die Nutzung der Off Stimme findet sich in der ersten Szene, in welcher jemand der nicht im Bild ist zu Lemmy aus dem Badezimmer spricht. Der Ursprung der Stimme, ein Agent, wird schnell von Lemmy ausfindig gemacht und aus dem Hotelzimmer vertrieben. Wesentlich häufiger nutzt Godard jedoch das Voice Over in *Alphaville*. Lemmys Voice Over beispielsweise scheint in unterschiedlichen Szenen auf verschiedene Zeitebenen zu referieren. Einmal hören wir Lemmys Stimme aus der Perspektive des Erzählers, aus der Vergangenheit sprechen: „It was 24.17 Oceanic Time ...when I approached the suburbs of Alphaville" und am Ende: „It was 23.15, Oceanic Time...when Natasha and I left Alphaville by the ring road". Ein anderes Mal, wenn Lemmy mit Natascha über den Hotelflur geht, scheint das Voice Over seine aktuellen Gedanken wiederzugeben: „It´s always like that you never understand anything."

Besonders interessant ist jedoch die Stimme von Alpha 60 in *Alphaville*. Diese wird von einem Mann gesprochen dessen Stimmbänder im zweiten Weltkrieg zerstört worden sind und der daraufhin gelernt hat durch ein Diaphragma zu sprechen (vgl. Silverman/ Farocki 1998 S. 60). Silverman und Farocki geben zu Bedenken, seine Stimme sei von Godard absichtlich deswegen gewählt worden, da sie unmenschlich klingt, eben so, als würde jemand ohne Bewusstsein zu uns sprechen (vgl. Silverman & Farocki, 1998, S. 61) Richard Roud schreibt: „[N]ot a mechanical voice, but one which [had] been, so to speak killed" (Roud in Silverman & Farocki, 1998, S. 60f)). Alpha 60 ist die Stimme der Logik, nichts Irrationales, nichts Menschliches liegt in ihr. Die Gestalt zur Stimme des Computersystems offenbart sich uns mal als Motorenkühler eines Autos, mal in Form eines Deckenlichts. Jedoch spricht Alpha 60 nicht nur wenn wir es sehen können, so kann es Lemmy beispielsweise Natascha in seinem Hotelzimmer ankündigen oder uns Beginn, ähnlich wie Lemmys Erzählstimme, in den Film einführen. Festzuhalten sei, dass die Stimme von Alpha 60 in *Alphaville* omnipräsent zu sein scheint und keinem konstantem Raum zugeordnet ist.

Die Sprache ist in *Alphaville* besonders interessant, da sie nicht nur auf der Metaebene des Filmes diskutiert wird, wie Godard es in allen seinen Filmen tut, sondern direkt im Film. Dies soll im Folgenden anschaulich werden:

Die Logik, welche die frühe Moderne als ihr Grundprinzip ansieht, ist in *Alphaville* die regierende Macht. Alles was nicht logisch ist, wird nach für nach ausgelöscht. Die Sprache spielt in diesem Zusammenhang in *Alphaville* eine große Rolle, denn sie wird von den Machthabern Professor von Braun/Alpha 60 und seinen Ingenieuren genutzt, um Alphavilles Einwohner zu kontrollieren. Jeden Tag wird ein neues Lexikon ausgelegt und als die Bibel ausgegeben. Von diesem werden täglich neue unbrauchbare Wörter entfernt. Dies geschieht um das zu reduzieren, was der Mensch fühlen, denken und woran er sich erinnern kann (vgl. Madan, 2010, S. 4). So erinnert sich Natascha beispielsweise nicht mehr an die äußeren Welten, in denen sie herangewachsen ist und aus denen sie mit ihrem Vater, Professor von Braun, nach Alphaville kam.

Die Synonymität von Bibel und Lexikon könnte hierbei als Anspielung an den Übergang von dem theologischen Diskurs zum modernen Diskurs gelesen werden, wie er in Kapitel 2 dargestellt wurde. In der Manipulation des Diskurses durch Sprache erkennen wir, dass die eigentliche Macht welche Professor von Braun über die Stadt gewonnen hat, die Macht der Sprache ist. Sie ist es, welche die Realität der

Bewohner von Alphaville strukturiert und welche von Professor von Braun so modifiziert wird, dass sie den Anforderungen des Regimes entspricht, also Fortschritt und Effizienz garantiert. Auch die Emotionen der Bewohner Alphavilles werden zu diesem Zwecke mit Hilfe der Sprache manipuliert. So ist zum Beispiel weinen (to weep) nicht erlaubt und wird konsequent aus dem Lexikon gestrichen. Was Liebe bedeutet hat Natascha schon seit langer Zeit vergessen, das Wort existiert nicht länger im alphavillschen Wörterbuch. Tatsächlich scheint es jedoch nicht so zu sein, dass die Bewohner von Alphaville nicht länger fühlen können. Es fehlen ihnen lediglich die Worte, die sie benötigen diese Gefühle zu repräsentieren und kommunizieren. Natascha beispielsweise fühlt „etwas" für Lemmy, von dem sie erst am Schluss sagen kann was es ist: „Je vous aime." Diesen Umstand beschreibt Saussure, als er feststellte, das Denken für sich allein genommen sei lediglich eine Nebelwolke, erst die Sprache bringe das Denken in Erscheinung (vgl. Kapitel 2). Einen weiteren interessanten Punkt zur Sprache stellt die offensichtlich willkürliche (da nicht im Sinne der Logik stehende) Verfremdung von Bedeutungen her. In Alphaville wird genickt wenn man Nein! meint. Mit dem Kopf schütteln heißt hingegen Ja! Mir geht es gut! Bitte! Danke! ist die Floskel mit der man sich in Alphaville Guten Tag und auf Wiedersehen sagt. All diese Wörter und ihre dazugehörigen Gebärden (als nonverbale Zeichen) haben bestimmte Bedeutungen in unserem Zeichenschatz und erscheinen uns hier in absurde Kontexte gesetzt. (Eine sprachphilosophische Interpretation könnte an dieser Stelle die Feststellung Saussures hinsichtlich der Willkürlichkeit unserer Zeichentheorie aufzeigen.)

Ferner wird die Macht der Sprache und der Zeichen im Institut für Semantik, in der Sektion Programmierung und Gedächtnis, wie eine Art Gehirnwäsche genutzt. Inhalt der dort stattfindenden Lektionen ist die Manifestierung des Glaubens daran, dass nichts zählt und existiert außer der Zukunft, dass niemand je in der Vergangenheit gelebt hat und niemand je in der Zukunft leben wird, dass alles bereits gesagt wurde und die Worte ihre Bedeutung nicht ändern. Letzteres ist bereits durch die oben angeführten Beispiele als Lüge belegt. Ebenso steht es um die Aussage, dass niemand je in der Vergangenheit gelebt hat und dass niemand in der Zukunft leben wird. Darüber hinaus erklärt Alpha 60:

> „The meaning of words and of expressions, is no longer grasped. An isolated word, or a detail of a design...can be understood. But the meaning of the whole escapes. Once we know the number one...we believe that we know the number two...because one plus one equals two. We forget that first...we must know the meaning of plus"

Diese Worte Alpha 60´s stellen sich in verschiedenen Zusammenhängen unterschiedlich dar. Einmal präsentiert Alpha 60 hier die Methoden nach denen die Bewohner von Alphaville manipuliert werden: Die Bedeutung der Wörter kann nicht länger verstanden werden, weil sie manipuliert oder ausradiert wird. Doch warum sollte er dies offen darlegen? Sollte die Manipulation der Sprache nicht etwas sein, worüber das Computersystem schweigen sollte? Im Grunde zeigt sich hier, dass Alpha 60 ein weniger vertrauenswürdiger Repräsentant der alphavillschen Ideologie ist, als die meisten menschlichen Bewohner der Stadt (vgl. Silverman & Farocki, 1998, S. 69). Oben genanntes Zitat spricht vielmehr eine Kritik aus, welche sich gegen den Umgang mit der Sprache richtet. Kaja Silverman formuliert es wie folgt:

> „Whereas the ideology of Alphaville, pushes the language in the direction of a mathematical formulization, this scene does the opposite: it attempts to „motivate" the realation between linguistic signifier and signified, and sign and referent. It subjects language to what Freud would call „primarization" treating words and other linguistic symbols like images. Or even things."(Silverman & Farocki, 1998, S. 70)

Dies mag vielleicht nur ein weiteres Zeichen dafür sein, wie Godard den Film im Allgemeinen als Reflexionsmedium nutzt. Er abstrahiert die Wörter hier vollständig von der Handlung und dem unsichtbaren Bösewicht, Alpha 60. Hier spricht nicht Alpha 60, hier spricht Godard und macht uns erneut darauf aufmerksam, dass wir uns unserer Sprache bewusst/conscient werden müssen und zwar nicht nur der gesprochen Sprache sondern dem Zeichensystem als ganzem. Auch Lemmy scheint dies letztendlich zu erkennen. Nachdem er lange gerätselt hat, was die geheime Botschaft sei, die Henri ihm mit Paul Eluards *Capitale de la douleur* und dem mehrfach wiederholten Wort Bewusstsein/conscience zu erkennen geben wollte, erkennt er, dass es die Sprache ist die den Bewohnern von Alphaville fehlt. Die Bibel, ausgetauscht von Jean Pierre Leaud und das Gespräch mit Natascha in seinem Hotelzimmer machen Lemmy deutlich, dass der einzige Weg Natascha zu retten darin liegt, jener ihr Bewusstsein zurückzugeben und dies nur mithilfe von Sprache gelingen kann. Er bittet sie Elurad für ihn zu lesen:

> „Your voice, your eyes, our silence, our words ...light that goes, light that returns. One single smile between us both. From needing to know, I watched the night create the day. O, Beloved of one alone... in silence your mouth promised to be happy ....further and further, hate says, nearer and nearer love says. The heart has but a single mouth." (Eluard in *Capitale de la Douleur*, in *Alphaville*)

Und tatsächlich scheint das laute Lesen, wie in der Psychoanalyse, etwas Vergessenes durch das (Aus)Sprechen zu erinnern. Die poetischen Worte Eluards und nicht die Berührung Lemmys, lassen Natascha erinnern, welche Bedeutung mit dem einfachen Wort (dem Signifikant) Liebe verknüpft ist. Jedoch scheinen nicht irgendwelche Worte diesen therapeutischen Effekt auf Natascha zu haben, sondern lediglich jene der Poesie. „The only language capable of renewing this knowlegde is a language capable of evoking or „performing" love in those who speak or hear it."(Silverman & Farocki, 1998, S. 78). Während Freud mit dem therapeutischen Sprechen Gefühle bändigen und zähmen wollte, geht es Godard in dieser Szene darum Gefühle mit Worten wieder zu erwecken (vgl. Silverman & Farocki, 1998, S. 78). Dies gelingt mithilfe der surrealistischen Poesie Eluards, welche versucht tief in die unbewussten Denkprozesse einzudringen und die einfache Logik der Sprache zu übersteigen (vgl. ebd.). Wie am oben genannten Beispiel zu erkennen ist, sind Eluards Gedichte dabei ebenso fragmentarisiert und inkohärent wie Godards Filme.

Harun Farocki und Kaja Silverman präsentieren ferner den Vergleich Lemmys mit Prometheus, welcher das Feuer zurück zu den Menschen bringt. „Lemmy is a person who carries the light to people who no longer know what that is"(Godard in Silverman & Farocki, 1998, S. 60). Dies tut Lemmy Caution tatsächlich. Schon Lemmys erster Auftritt steht in einem besonderen Licht, welches in Alphaville normalerweise elektrisches ist. Als er Alphaville erreicht, hält er seinen Wagen an, um sich ein Zigarette anzuzünden. Das Feuerzeug schnappt auf und mit dem Schein der Flamme erhaschen wir einen ersten Blick auf sein pockennarbiges Gesicht.[46] Doch abgesehen vom Feuer ist es vor allem die Sprache/ die Poesie welche Lemmy zurück nach Alphaville bringt. Sie, la poesie, ist es am Ende, mit welcher er „die Nacht erhellt" und nicht das Feuer.

In *Alphaville* sehe ich eine mögliche Verbindung zu der in den 60er–Jahren aufblühenden intellektuellen Strömung der Strukturalisten hergestellt. Auch wenn Godard mit Hilfe des Charakters Lemmy Caution eine tendenziell humanistisch-kritische Position gegenüber der modernen Technikgesellschaft präsentiert, lässt sich die Frage stellen, ob *Alphaville* darüber hinaus nicht auch eine Reflektion auf die Strukturalistische Ideenwelt ist. Godard scheint in *Alphaville* zumindest grundsätzlich die Prämissen des Strukturalismus angenommen zu haben. Die Sprache scheint die Bewohner der Stadt zu strukturieren. Die Möglichkeit zur Reflektion mithilfe von Repräsentation über die Sprache, wird ihnen genommen. In dem spezifischen Diskurs, in dem sie leben und welcher von Professor von Braun kontrolliert wird, erscheint ihnen ihre Realität als vollkommen logisch.

---

[46]Die Metapher von Lemmy als Prometheus kann wiederum als Metapher dafür gesehen werden, dass Godard die Moderne preist. Das Feuer kann als Symbol der Aufklärung betrachtet werden, den eigentlichen Anbruch des modernen vernunftgeleiteten Zeitalters. Jedoch fordert Godard hier eine neue Form der Moderne: eine kritische Moderne, in welcher die Reflektion das Subjekt retten kann.

Lemmy bringt dagegen den Diskurs der Poesie ins Spiel, in welchem sich eine ganz andere Wahrnehmung von Realität offenbart. Die Surrealistische Idee von Realität als etwas, was über die Grenzen der logischen Wahrnehmung von Realität hinausgeht.

An *Alphaville* wird darüber hinaus eindrücklich dargestellt, dass die Wirklichkeit stets nur die Wirklichkeit ihres Diskurses sein kann und dass jene Diskurse offensichtlich in Abhängigkeit zur Sprache und den damit verbundenen Möglichkeiten des Sagbaren stehen (vgl. auch Kapitel 2). Im Grunde präsentiert uns Godard, die Bewohner Alphavilles als Subjekte die nichts mehr produzieren können (Gedanken/Gefühle), sondern lediglich produziert werden. Als solche die den Einfluss auf ihre Leben, durch die Manipulation der Sprache verloren haben und die ganz und gar der Macht der Sprache, ausgenutzt von Professor von Braun unterworfen sind.

Obwohl Godards Filmcharaktere dabei keine identifizierbaren Persönlichkeiten mehr repräsentieren, sondern Persönlichkeiten die in verschieden Diskursen verschiedene Wahrnehmungen von Wahrheit und Realität erfahren und er insgesamt die strukturalistischen Theorien anzuerkennen scheint, macht er dennoch deutlich, dass er immer noch an das Subjekt glaubt. Im Grunde scheint Godard sogar eher eine humanistische anstelle einer strukturalistischen Position zu vertreten. Statt am Ende seines Filmes die strukturalistische These von der Auflösung des Subjektes als etwas gegebenes zu präsentieren, erfahren wir in *Alphaville*, dass das Subjekt durchaus gerettet werden kann. Godard macht deutlich, dass er auf eine Rettung des Subjektes mithilfe der Reflektion hofft. Das Reflektieren über die Macht der Sprache und die Wiedererweckung des Bewusstseins, helfen Lemmy, der den humanistischen und poetischen Diskurs repräsentiert, den Kampf gegen Alpha 60 und Professor von Braun, zu gewinnen. Am Ende ist es er welcher als Sieger mit Natascha an seiner Seite die Stadt verlässt.

Im Folgenden Textabschnitt möchte ich den grundlegenden Diskurs in *Alphaville* und somit den eigentlichen Rahmen, in welchem wir den Film verstehen können, vorstellen.

5.6 Alphaville und Pop Art

Alphaville offenbart vielfache Hinweise auf die Pop Kultur, im speziellen den Comic Strip. Die Anwendung von diesen Pop Elementen ermöglicht es Godard, die nötige Prise Ironie in *Alphaville* einzuführen die es braucht, um das Irreale, das Absurde herauszuheben. Indem er die Popelemente auf diese ironisierte und verzerrte Weise einsetzt gelingt es ihm, den populären Mythos erneut zu mythologisieren (vgl. Madan, 2010, S. 4). Dies funktioniert es als eine Art ironische Repräsentation der Repräsentation (vgl. ebd.)

Allen Thiher schreibt:

> „Pop art springs from a recognition that all forms of representation
> are ideological and mythological constructs. Having lost it´s belief in any
> from of „realistic" mimesis, pop sensibility then self- conscious creates
> works that are essentially ironic works about other works, ironic repre-
> sentations of representations, or mythic formulations of myth." (Thiher,
> 1976, S. 948)

Es wird deutlich, dass sich die Pop Art als Werkzeug für Godard anbietet. So ist
Alphaville quasi eine Art vulgarisierte Pop Version von Aldous Huxleys *Brave New
World* (1932). Vor allem ist das Pop Element in der ironischen Imitation anderer
filmischer Werke in Godards Filmen erkennbar. In *Alphaville* ist es unverkennbar
der amerikanische Film Noir Detektiv, welchen Godard ironisiert. Am deutlichsten
wird dies in dem Vergleich den er zwischen Lemmy und Humphrey Bogart zieht,
indem er Lemmy *The Big Sleep* lesend zeigt. Die Ironisierung folgt prompt: Lemmy
macht Schussübungen auf ein Vargas Pin-Up und trinkt Whiskey. Man denkt an
den atemberaubenden und unverbesserlichen Machismo Bogarts in *The Big Sleep*,
der nichts zu trinken scheint als Whiskey und schmunzelt mit Godard.

Es gibt jedoch noch weitere Popelemente in *Alphaville*. Der Name Henri Dickson
zum Beispiel, ist dem in Frankreich unter dem Titel der „amerikanische Sherlock
Holmes" berühmten Comic Detektiv Harry Dickson angelehnt (vgl. Theweleit, 2003,
S. 61). Ebenso ein Comic Detektiv ist Dick Tracy. Ein weiterer Held, diesmal der
Superheld eines französischen Science Fiction Comics, ist Flash Gordon/Guy Léclair.
Nach beiden erkundigt sich Lemmy rührend bei Henri, als sie gemeinsam die Treppe
dessen Hotels hinaufsteigen und wirkt persönlich betroffen, als er erfährt, dass sie
tot sind. Mit dieser Betroffenheit manifestiert Godard einmal mehr die Ironie, indem
er Lemmy mit Flash Gordon und Dick Tracy bekannt oder gar befreundet darstellt.
Damit setzt er Lemmy auf eine Stufe mit diesen Comic Figuren und repräsentiert
einmal mehr, dass wir es mit einer Repräsentation der Repräsentation zu tun haben.

Der Comic bildet in *Alphaville* die grundlegende Struktur oder Form und somit
den prinzipiellen Diskurs indem sich uns der Film offenbart. *Alphaville* ist so ange-
legt, dass wir ihn aus dem Rahmen des Comic Diskurses sehen können, in welchem
alles für uns einen Sinn offenbart. Beispielsweise würde sich uns die sinnlose Gewalt
Lemmys in einen anderem Diskurs wesentlich fragwürdiger offenbaren, als dies in
Alphaville der Fall ist. Hier schmunzeln wir mit Godard, wenn Lemmy auf Pin Up
Girls schießt, sich auf absonderliche Weise gewalttätig verhält oder Türen auftritt.
Jedoch bildet der Comic-Diskurs lediglich die Basis auf welcher Godard seine Kritik
begründen kann. Tatsächlich führt Godard Gegensätzlichkeiten in Form von anderen

seriösen Diskursen in den Comic Diskurs ein. So stellt er beispielsweise den Comic Diskurs dem humanistischen und dem technokratischen Diskurs gegenüber. Darüber gelingt es ihm einmal den Comic Diskurs selbst als solchen in Erscheinung treten zu lassen und zweitens eine Basis zu haben auf de er seine seriöse Kritik und Besorgnis gründen kann ohne dabei moralisch zu wirken. Godards Filme sind kein Fingerzeig, sie geben lediglich Möglichkeiten zur Reflektion.

In dem Aufgreifen von verschieden Diskursen liegt auch die eigentliche Besonderheit von Godards Arbeit: er präsentiert nicht nur einen oder zwei Diskurse und setzt den Film in einem Rahmen in welchem dieser verständlich und kohärent wirkt, sondern er führt verschieden Diskurse ein, verschiedene Rahmen ich welchen sich uns der Film erschließen kann. Als Zuschauer bewegen wir uns daher, wie Godards Figuren ständig von einem Diskurs in den nächsten.

Auch die Frage danach was nun eigentlich logisch sei, beschäftigt Godard in *Alphaville*. Wie genau diese Auseinandersetzung in *Alphaville* sichtbar wird soll im nächsten Textabschnitt deutlich gemacht werden.

5.7 Alphaville und die Rationalität/Irrationalität/Logik

In Alphaville scheint alles der Logik unterworfen zu sein. So scheint selbst die Natur dem Regime der allgemeinen Logik zu folgen. Sie lässt im Süden die Sonne scheinen und es im Norden schneien. Auf den Automaten in Alphaville steht „Bitte Geld einwerfen.". Tut man dies, bekommt man eine Art Holzblock auf dem schlicht Merci zu lesen ist. Danke–Bitte.

Godard zeigt in *Alphaville* Situationen die auf einem ganz banalen Ursache-Wirkungsprinzip aufbauen, welches er dann jedoch vollständig verfremdet. Das beste Beispiel hierfür ist die Verfolgungsszene im letzten Drittel des Filmes: Als Lemmy nach dem Mord an Professor von Braun flüchtet, wird er verfolgt. Er versucht seinen Verfolgern durch ein abruptes Wenden des Autos in die Verfolgerrichtung zu entwischen. Die logische Konsequenz ist, dass die Verfolger ebenfalls umdrehen, um die Verfolgung fortzusetzen. Dies tun diese auch. Allerdings sind sie dabei schneller als Lemmy und dieser ist nun mehr derjenige der seine Verfolger verfolgt. Godard verzerrt das Prinzip der Logik ins Absurde und erreicht damit, dass wir darüber reflektieren. Vor allem im Zusammenhang mit den konventionellen Ideen, welche wir als Zuschauer bereits von einer Verfolgungsszene wie sie in unzählige Filme zu sehen ist haben, erscheint dies als Anregung der Reflektion darüber was Logik eigentlich ist und vor allem wie wir sie konventionell wahrnehmen ohne sie zu hinterfragen.

Diese Beispiele zeigen wie Godard die Logik Alphavilles und darüber hinaus unsere ununterbrochene Suche nach logischen Sinnzusammenhängen, parodiert. Die Parodierung von Logik – des reflexiven Denkens, über das Denken, welches zu einem vernünftigen Schlussfolgern führt – bewirkt eine Reflexion über unsere (diskursiven) Vorstellungen von Logik. Was ist nun eigentlich logisch? Ferner kann beispielsweise die oben beschriebene Automaten-Szene als Hinweis darauf gelesen werden, wie jede unsere Aussagen von Theorie/Diskurs durchdrungen ist. Ich möchte damit sagen, dass Sprache (*langue*) an sich bedeutungslos ist. Erst in einem gewissen Diskurs und in Relation zu anderen Zeichen erlangt sie Bedeutung. Der Automat ist etwas, welchem wir eine Bedeutung, das heißt einen Nutzen zusprechen und vor allem Dingen ein Repräsentant des Konsumismus-Diskurs. In diesem Diskurs ist logisch, dass wenn ich etwas bezahle, indem ich in diesem Fall Geld in den Automaten stecke, ich etwas dafür zurückbekomme. Ein Automat könnte uns beispielsweise mit etwas zu essen, zu trinken, Zigaretten oder Musik versorgen. Ein einfaches 'Danke' auf einen Holzblock zählt jedoch in diesem Diskurs nichts. Es entspricht nicht unseren Erwartungen, unseren Theorien, unserer Logik.

Im Grunde zeigt dies erneut, dass Godard mit den alten Idealen der frühen Moderne gebrochen hat und an eine Logik nicht mehr glaubt. Besonders nicht wenn sie in einem bestimmten Diskurs als die Wahrheit präsentiert wird. In seinen Filmen parodiert Godard konventionelle (westeuropäische) Vorstellungen von Vernunft und macht damit deutlich: Wahrheit, Vernunft und Logik existieren nur in ihrem jeweiligen Diskurs. Was den Menschen in Alphaville logisch erscheint ist Lemmy ein Rätsel. Andersherum ist es ebenso. Verschieden Diskurse haben die Wahrnehmung davon was logisch ist unterschiedlich geprägt.

Es wird deutlich, dass es Godard in seinen Filmen nicht darum geht dem Zuschauer etwas als die Wirklichkeit zu verkaufen, sondern ihn zu einer „kritisch–reflexiven Vernunft und Urteilskraft im Kino" (Sentürk, 2007, S. 362) anzuregen. Wo könnte man damit besser beginnen als beim Kern. Der philosophischen Disziplin der Ontologie und der ihr immanenten Frage nach dem 'Was ist'! Der Frage nach dem 'Was ist', oder 'Was ist wirklich', wohnt auch die für das Kino relevante Frage nach der Repräsentation inne. Godard ist in seinen Filmen darum bemüht, das Problem der Repräsentation im Kino im kinogeschichtlichen Kontext zu fassen. So stellt er auch in *Alphaville* Bezüge zu anderen Filmen her. Diese Bezüge sollen im Folgenden herausgestellt werden.

5.8 Alphaville und der Film im Film

Jean–Luc Godard schreibt über *Alphaville, une étrange aventure de Lemmy Caution* er gleiche einem Western. Er habe Lemmy Caution lediglich in ein Auto anstatt auf ein Pferd gesetzt.

„Er kommt an, man erfährt Dinge über ihn, aber nur über den Dia-

log anderer.[...] Er kommt um etwas herauszufinden, und danach reist
er wieder ab. [...]Er hat Schwierigkeiten bei seiner Nachforschung. Alle
Western gehen doch so."(Godard, 1981, S. 110ff).

Tatsächlich ist dies genau das, was in Alphaville passiert: Lemmy kommt an, er
hat eine Mission. Der Film dauert genau solange, bis diese Mission erfüllt ist. Dann
fährt er wieder ab. Außer dem Pferd hat Godard noch einige andere Dinge ersetzt:
Statt der Tür eines Saloons, wie Dean Martin in *Rio Bravo*, schiebt der fremde
Ankömmling hier die Drehtür eines Hotels auf und geht an die Theke. Die Theke
in Alphaville ist eine Hoteltheke und Lemmy bekommt hier lediglich seinen Zim-
merschlüssel, anstelle eines Whiskeys. Lemmy hat in den ersten zehn Filmminuten,
wie der in die Stadt einreitende Cowboy auf dem Weg zum Saloon, spätestens beim
Betreten dessen, die erste Schiesserei oder Schlägerei hinter sich. Die übertriebene
Nonchalance mit er dies tut, sowie seine generelle Wortkargheit, erinnert an die
klassischen Revolverhelden Helden aus Sergio Leones Western, wie zum Beispiel an
Clint Eastwood in *A Fistful of Money*. Die Brutalität, mit der er seinen Feind in die
Flucht schlägt, sein roher Umgang mit der Prostituierten, spiegeln das Image eines
Cowboys nahe zu perfekt wieder: Lemmy Caution ist kein klassischer Goodboy oder
Badboy.

Ebenfalls lernen wir von Godard der 1965 erschienene Film sei: „ein total fiktiver
Film" (Godard, 1981, S. 111), ein Science Fiction Film, welchen er dokumentarisch
behandelt habe. Tatsächlich spielt *Alphaville* nicht wirklich in der Zukunft. Bereits
der erste von Lemmy im Voice Over gesprochene Satz: „It was 24.17 Oceanic Time
...when I approached the suburbs of Alphaville" weist daraufhin, dass *Alphaville*
nicht in der Zukunft spielt, sondern eine Retrospektive von Lemmys Vergangenheit
ist (vgl. Silverman & Farocki, 1998, S. 61).

Auch das Paris der 60er–Jahre, welches Godard als Kulisse für den Film dient,
weist vielmehr daraufhin, dass das Motto des Filmes lautet: Die Zukunft ist jetzt!
Die Voice Over Stimme und der Hinweis auf die Vergangenheit bringen uns zurück
zum Film Noir, in welchem beides eine primäre Rolle spielt (vgl. Kapitel 3 meiner
Arbeit). Diese ist mit Abstand die in *Alphaville* am eindrücklichsten vertretende
Stilrichtung. Harun Farocki stellt fest: „[A]lthough Alphaville is ostensibly a science
fiction film, it is shot with a film noir camera, every light can become a falling star or
a planet from the milky way." (Silverman & Farocki, 1998, S. 60). Die Hommage die
Godard in *Alphaville* an den Film Noir vornimmt, wird in verschiedenen Aspekten
besonders augenscheinlich. Zum Beispiel liest Lemmy *The Big Sleep* von Raymond
Chandler, welcher als Filmversion von Howard Hawks 1946 unter demselben Namen
als der erste Film Noir berühmt wurde. Für Klaus Theweleit sind es jedoch vor
allem die präzisen Anspielungen auf Orson Welles und auf seinen Film *The Touch*

of Evil von 1958, die in *Alphaville* mehrfach deutlich werden. Zum Ersten geschieht dies durch den Einsatz von Akim Tamiroff, der in *The Touch of Evil* die Rolle „des schmierigen Mexikaners, der von dem noch schmierigeren amerikanischen Bullen Quinlan, gespielt von Orson Welles selber, umgebracht wird" (Theweleit, 2003, S. 36) spielt. Zum Zweiten steht Akim Tamiroff als Agent Henri Dickson auch in *Alphaville* ein grausamer Tod bevor. Sowohl bei Welles als auch bei Godard, stirbt Tamiroff beziehungsweise der von ihm dargestellte Charakter, in einem düsteren, engen Hotelzimmer. Beide Male befindet sich eine Frau im Zimmer. Während die Verführerin (oder Beischlafagentin) in *Alphaville* Dickson tatsächlich mehr oder weniger aktiv (selbst)mordet, soll Susan, in *The Touch of Evil*, der Mord an Grandi angehängt werden. Wie Theweleit beweist sind die Einsetzung desselben Darstellers und die Ähnlichkeit der Räumlichkeiten nicht das einzige Indiz für die Hommage an Welles in *Alphaville*. Seine Theorie beruht vor allem auf der Feststellung, dass Godard Welles direkt zitiert, indem er „aus dem brutalen Würgemord" (Theweleit, 2003, S. 46) Tamiroffs in *The Touch of Evil* eine „saubere–Selbstmord–Tötung"(ebd.) in *Alphaville* gemacht habe. Godards belässt es jedoch nicht nur dabei Welles lediglich zu zitieren. Er stellt gleichzeitig durch die Verfremdung der Szene die Distanz, die zwischen den beiden Regisseuren liegt, dar. Diese Distanz zeichnet sich aus, wie Klaus Theweleit schreibt, durch „die Differenz ihrer Produktionsweisen in differenten Film Welten" (Theweleit, 2003, S. 35ff). Für James Travers weist *Alphaville* inhaltlich Ähnlichkeiten zur Cocteaus *Orphee* (1950) auf. Orpheus Reise in die Unterwelt, von welcher er seine Frau Eurydice zurück ins Leben bringt, ähnelt Lemmys Reise in die dystopische Hölle Alphavilles verdächtig. Orpheus rät Eurydice nicht in die Welt zurückzusehen, aus welcher sie eben geflüchtet sind und so rät es Lemmy Natascha am Ende des Filmes, wenn wir *Alphaville* durch die Rückscheiben seines Ford Galaxie langsam im Dunkeln verschwinden sehen (vgl. Travers, 2011). Ein anderer Film an den *Alphaville* im buchstäblichen Sinne erinnert ist *Nosferatu* von Murnau. Dieser leiht Professor von Braun seinen früheren Namen, welchen dieser abgelegt haben zu scheint. Der Ingenieur, welcher Lemmy nach der ersten Befragung durch Alpha 60 aus dem Konferenzzimmer zu Professor Heckle und Professor Jeckle (Dr. Jeckyll und Mr. Hyde?) führt, erklärt: „Leonard Nosferatu...no longer exists, Mister Johnson." Man könnte dies als eine Metapher dafür sehen, dass Professor von Braun nunmehr noch weniger Mensch ist, als er es zu der Zeit war, in welcher er noch Nosferatu hieß. Auch wenn Murnaus Vampir Nosferatu als Untoter, nicht länger Mensch ist, so ist er dennoch in der Lage eines der stärksten Gefühle des Menschen empfinden zu können- die Liebe. Ebenso war Professor von Braun vielleicht einmal fähig Liebe zu fühlen, was allein durch den Umstand, dass er eine Tochter hat plausible erscheint. Als Herrscher Alphavilles in einer technokratisierten Gesellschaft ist Professor von Braun unfähig zu lieben, unmenschlicher zu als ein bereits Untoter. Eine zusätzliche Anspielung auf *Nosferatu* ist, dass Lemmy das Lächeln und die kleinen spitzen Zähne Nataschas an einen alten Vampirfilm erinnern.

Als letztes zu erwähnen bleibt die Anlehnung Lemmys an Humphrey Bogart alias Phillip Marlowe in Howard Hawks *The Big Sleep* (1946). Grundsätzlich ist die Aufmachung Lemmys typisch für nahezu jeden Film Noir Detektiv: Trenchcoat, Hut, die Liebe zu Frauen, sowie eine unterkühlte undurchschaubare Art, gehören definitiv zu jedem guten Noir Schnüffler. Godard schlägt jedoch den Vergleich Lemmys mit Humphrey Bogart als Phillip Marlowe vor, indem er uns Bogart in *The Big Sleep* direkt ins Gedächtnis holt. Dies geschieht indem er Lemmy die französische Version der Romanvorlage für den Film *Le grand sommeil* von Raymond Chandler auf dem Bett lesend zeigt. Die Konformität der beiden Charaktere sticht ins Auge: Lemmy Caution und Phillip Marlowe haben folgendes gemeinsam: Sie trinken beide Whiskey zum Frühstück, welchen sie immer dabei haben. Sie bewahren beide einen kühlen Kopf egal in welcher Situation. Sie schaffen es beide am Ende des jeweiligen Filmes das Mädchen zu kriegen, dass sie sich in den Kopf gesetzt haben. Beide wissen auch genau, was sie nicht wollen, zum Beispiel welche Frau/en. Marlowe hat kein Interesse an Carmen, Lemmy keines an den Vermittlerinnen.

Auffallend in beiden Filmen sind die Szenen in welchen Marlowe in *The Big Sleep* und Lemmy in *Alphaville* Taxi fahren. In beiden Szenen sitzt eine Frau am Steuer des Taxis. Dies ist in der Realität keinesfalls unmöglich, jedoch durchaus seltener, da überwiegend Männer diesen Beruf ausüben. In *The Big Sleep* nutzt Hawks die Taxifahrerin um einmal mehr auf die Faszination hinzuweisen, welche Phillip Marlowe offensichtlich auf Frauen ausübt. Am Ende einer Verfolgungsjagd bietet die Fahrerin Marlowe ihre Nummer an. Er solle sie nur nicht tagsüber anrufen, da arbeite sie. In Alphaville fährt Lemmy in einem Taxi zum Institut für Semantik. Auch hier steuert eine Frau den Wagen. Dies sticht in *Alphaville* aus dem Grund so sehr ins Auge, da man den Eindruck gewinnt nahezu alle anderen Frauen im Film seien Vermittlerinnen.

Godard scheint also in *Alphaville* verschiedene kinogeschichtliche Bezüge zu präsentieren und bewusst auf andere Filme zu referieren. Allerdings ahmt er in seinen Filmen nicht lediglich bestimmte Szenen nach, sondern er transformiert diese. Oftmals repräsentieren diese Szenen im kinogeschichtlichen Kontext auch einen bestimmten Diskurs, den Godard transformiert. Zum Beispiel mag Lemmy dem Film Noir Machismo oder auch dem Cowboy im Western zwar sehr nahe kommen, allerdings können wir uns weder den Noir Detektiv noch den Cowboy, Paul Eluards *Capitale de la douleur* lesend vorstellen. Godard verändert den Rahmen in welchem wir den Film lesen können. In *Alphaville* wird möglich gemacht, dass ein Noir Detektiv oder Cowboy Held, nicht nur harte Sprüche klopft, sondern auch poetisch sein kann. Godard bricht mit den Diskursen des Film Noir, des Westerns und der klassischen Erzählstruktur und schafft seinen eigenen Diskurs: Einen kritisch reflexiven, aus dem man jederzeit auszubrechen in der Lage ist. Der Rahmen bei Godard ist weit gesteckt. Im Folgenden Kapitel soll nun kurz auf andere kulturgeschichtliche Verweise in *Alphaville* eingegangen werden.

5.9 Alphaville und die Kulturgeschichte

Im vorangegangen Abschnitt wurden die Verweise auf andere filmische Werke in *Alphaville* aufgetan. Ähnlich wichtig für die Arbeit Godards sind die Zitate von Künstlern aus der Literatur, Musik, Philosophie, der Wissenschaft. Die Verweise auf die Literatur in *Alphaville* fallen auf. Unzählige Zitate werden angewandt, unzählige Diskurse aufgemacht und unzählige Huldigungen an andere Künstler adressiert. Wie ein Puzzle legt Godard seine kulturhistorischen Momente in *Alphaville* aus. Henri Dickson zum Beispiel widerlegt eindrucksvoll, dass „niemand jemals in der Vergangenheit gelebt hat", wie Alpha 60 es stets zu behaupten weiß. Die Kosenamen, die er seiner Verführerin gibt, bevor er sich mit ihr „zu Tode schläft", zeugen von einer langen Kulturgeschichte: *Madame la Marquise* ist ein französischer Chanson von Paul Misraki. *Madame Récamier* ein Gemälde von Jacques-Louis David. Madame Pompadour war die Mätresse Ludwig XV. Inspiriert von ihr ist eine Operette von Leo Fall (*Madame Pompadour*), welche darüber hinaus mehrmals verfilmt wurde. *Madame Bovary* ist ein Roman von Gustave Flaubert. Marie Antoinette war die Ehefrau Ludwigs XIV. und Madame La Fayette war eine französische Schriftstellerin.

Der Wissenschaft, welcher die Erfindung Alpha 60s zu verdanken ist, wird in der ganzen Stadt gehuldigt. So gibt es zum Beispiel den von Heisenberg (ein berühmter Physiker des 20. Jahrhunderts) Boulevard am Mathematischen Park und eine Straße, die nach Enrico Fermi (einer der bedeutendsten Kernphysiker des 20.Jh.) benannt ist. Professor von Brauns Name ist angelehnt an Wernher von Braun, einem deutschen, später amerikanischen Raketeningenieur, welcher aufgrund seiner Arbeit für die NS-Diktatur sehr stark kritisiert wurde. Er war es der Hitlers Wunderwaffe zum „Vernichtungsschlag", die V2 baute (vgl. Stirn, 2012).

Eine besondere Rolle spielt jedoch vor allen Dingen die Poesie Paul Eluards in *Alphaville*. *Capitale de la Douleur* von Paul Eluard erschien 1926 und wurde bald darauf zum prägenden Werk des französischen Surrealismus (vgl. Theweleit, 2003, S. 51). Für die Surrealisten gelten die Träume als primäre Realität (vgl. ebd.). Jene sind für sie „realer als die bloße sichtbare Realität" (Theweleit, 2003, S. 51) Von diesem Standpunkt ausgehend hinterfragten sie demzufolge auch die klassische Repräsentationsfunktion. Der Versuch Realität zu ersetzen und „deren Repräsentanz dem Zuschauer als Wahrheit und Ordnung des Realen zu diktieren" (Sentürk, 2007, S. 98) wurde von ihnen strikt abgelehnt. In diesem Hinterfragen und Ablehnen erkennen wir die Berührung von Godards filmischer Arbeit mit jener der surrealistischen Filmemacher. Wesentlicher ist jedoch die Tatsache, dass der Surrealismus als Diskurs im Film den Wunsch sich aus „der Herrschaft der Logik zu befreien" (Breton in Leisen, 2013) repräsentiert. Der Surrealismus stellt sozusagen eine humanistische Position in *Alphaville* dar, welche in Opposition zu den Theorien der Strukturalisten stehen. Während wir also im strukturalistischen Denken in unseren Diskursen gefangen sind und sich das Subjekt unter der Macht der Sprache „auflöst", präsentiert Godard mit dem Surrealismus eine künstlerische und intellektuellen Bewegung deren Theorien auf dem Glauben beruhen, es gäbe einen Weg aus dem Diskurs auszubrechen. Um aus dem Diskurs auszubrechen, ist es notwendig zu verstehen, dass alles vom Diskurs durchdrungen ist. Zu Beginn des Filmes hören wir Alpha 60 sagen: „Sometimes reality is too complex für oral communication". In diesem Ausspruch liegt im Grunde die Kernidee des surrealistischen Denkens. In diesem war das erstrebenswerte Ideal das kontrollierte Denken auszuschalten und dadurch in eine irrationale Über-Wirklichkeit, wie jene in unseren Träumen, vorzudringen. Andre Breton hoffte auf diesem Wege „zur Lösung unsere wichtigsten Lebensprobleme" (Breton in Leisen, 2013) gelangen zu können. In diesem Sinne steht der Surrealismus also für den Versuch unsere Wahrheit(en), unsere Diskurse zu überwinden.

Mit Hilfe der surrealistischen Poesie Elurads gelingt es Lemmy schließlich auch Natascha aus ihrem „alphavillschen Diskurs" zu befreien.

Im letzten Anschnitt dieses Kapitels soll es nun um die Politik in *Alphaville* gehen. Wie unter Kapitel 4 dargelegt spielt Politik eine große Rolle in Godards filmischem Werk. Dies wird am Beispiel von *Alphaville* eindrucksvoll deutlich.

5.10 Alphaville und die Politik

Alphaville kam 1965 in die Kinos. In einer Zeit in der Algerien sich auf halben Weg befand, seine Unabhängigkeit von Frankreich zu erringen. Zu dieser Zeit regierte Präsident Charles de Gaulle in zweiter Amtszeit und sollte mit den Wahlen im Winter 1965 erneut als Präsident bekräftigt werden (vgl. Babula, 2012, S. 1). Sein Regime schien vor allen den jungen Menschen in Frankreich wirklichkeitsfern und plump (vgl. ebd.).

In *Alphaville* wird de Gaulle von Professor Braun repräsentiert. Von Braun ist quasi in allem de Gaulle außer im Namen (vgl. Travers, 2011). Ähnlich wie Professor von Braun, welcher in *Alphaville* seine Wissenschaftler um sich schart, ernannte de Gaulle als er 1958 an die Macht kam zum ersten Mal in der politischen Geschichte Frankreichs, so genannte ministres–techniciens/technische Minister (vgl. Utterson,

2008, S. 48). Alpha 60 entspricht in dem Vergleich mit der de Gaullschen Regierung wohl am ehesten dem staatlich kontrollierten Netzwerk des Fernsehens, ORTF (Office de Radiodiffusion Télévision Francaise). Dieses wurde oft dazu genutzt um durch die Medien die Regierung zu stützen, welche sich mit zwei kostenintensiven Kriegen in Indochina und Algerien beim eigenen Volk und International unbeliebt gemacht hatte. In den 60er–Jahren war Frankreich aufgrund dieser Eskapaden politisch vom Rest der Welt isoliert (vgl. Travers, 2011). Die Verknüpfung zu Alphaville als einer Stadt isoliert von Rest des Universums ist augenscheinlich. Lemmys Rebellion gegen Alpha 60 und die letztendliche Zerstörung dessen können wie ein Echo der 60er–Jahre in Frankreich, speziell in Paris, gesehen werden. In diesen Jahren hatte sich der Protest gegen de Gaulle und seine Regierung der Unterdrückung immer weiter erhoben, bis er schließlich im Mai '68 seinen Höhepunkt erreichte (vgl. Travers, 2011). *Alphaville* ist jedoch nicht allein Zeugnis von Godards Oppositionshaltung zur Regierung de Gaulles, sondern verweist darüber hinaus auf die weltpolitische Lage jener Zeit in der *Alphaville* gedreht wurde. Die Anspielungen auf den Kalten Krieg sind nicht zu übersehen. Sie erscheinen in den Decknamen die Lemmy für sich und die Zeitschrift, für die er zu arbeiten vorgibt, erfindet. Iwan repräsentiert einen typisch russischen Namen, während Johnson ein typisch amerikanischer Nachname ist. *Le Figaro* ist eine konservative französische, die russische *Pravda* eine kommunistische Tageszeitung.[47] Auch Nataschas Name ist deutlich russischer Abstammung. Wir sehen den Kontrast Ost/West beziehungsweise Kommunismus/Kapitalismus. Weiterhin gibt es versteckte Hinweise auf den Zweiten Weltkrieg: SS leuchte am Fahrstuhl auf, die Verführerinnen tragen ähnliche Tattoo-Markierungen wie die in die Konzentrationslager verschleppten Juden (vgl. Theweleit, 2003, S. 72f). Nach Klaus Theweleit sind neben den europäischen Diktaturen auch amerikanische Kriege Thema in *Alphaville*. Insbesondere den Vietnamkrieg liest er aus der Schwimmbadszene, die an die Esther Williams Schwimmfilme der 50er–Jahre erinnern. Diese haben für Theweleit in den 50er–Jahren den Zweck erfüllt „manche Dinge aus den existierenden Welten ganz bestimmt nicht zu zeigen, also etwa die Leichen des gleichzeitigen Koreakrieges"(Theweleit, 2003, S. 71). Godard verbindet beides im selben Bild. Bei ihm sind es einfach direkt die Synchron–Schwimmerinnen, die morden. Die Kritik totalitärer Tendenzen in der Welt in *Alphaville* lässt wiederum Vermutungen über Godards eigene politische Einstellung zu.

Alphaville kann aus dieser Perspektive auch als Aufruf zur Auflehnung gegen die Repression de Gaulles, als Appell für die Beendung des Algerien Krieges und vor allem als Manifest der Befreiung des Subjektes von totalitärer Herrschaft an sich

---

[47]Außerdem ist *Pravda* der Name der Zeitschrift für die Godard in den 70er–Jahren schreibt. In den in der *Pravda* veröffentlichen Artikeln wird fernern Godards marxistische Haltung besonders deutlich (vgl. Thiher, 1976, S. 949).

begriffen werden. All diese Dinge liegen bereits in den ersten Bildern Alphavilles und ergeben im Kontext Sinn. Das erste Bild zeigt uns das Bild eines Panzers, der von Menschen in einen Abgrund gestoßen wird. Das Zweite zeigt die weiße Friedenstaube, die aus der Hand in die Lüfte steigt. Godard geht es in *Alphaville* um die Befreiung des Subjektes, sei es von totalitärer Herrschaft oder der Macht der Sprache.

6 Fazit

Die grundlegende Frage, welche den Ausgangpunkt dieser Arbeit bildet, war inwiefern Jean–Luc Godard Aspekte (post-)moderne Theoriebildung rezipiert und in seinen Filmen reflektiert. Ein zentraler Punkt ist dabei sein Versuch, die Krise der Repräsentation mithilfe seiner kritisch diskursiven Ästhetik zu lösen. Godards Ausgangspunkt scheint hier die Annahme zu sein, dass wenn alle Dinge Konstruktionen unsere Sprache sind, die Medien wie ein drittes Niveau wirken. Sie repräsentieren nicht die objektive Wirklichkeit, sondern sind lediglich eine neue Repräsentation einer mit Hilfe der Sprache konstruierten Repräsentation. Filme sind demnach eine subjektive Repräsentation von Repräsentation. Diese Annahme, dass Mimesis nicht mehr ist als eine Repräsentation der Repräsentation selbst ist, bildet hierbei eine grundlegende Prämisse der postmodernen Theorien. Diese gehen davon aus, dass wenn es eine objektive Realität gibt, wir nicht in der Lage sein können diese zu erkennen, da all unser Wissen durch eine gewisse Perspektive in einem gewissen Diskurs vermittelt wurde. Realität ist somit jeweils innerhalb eines bestimmten Diskurses konstituiert und kann in einem Anderen eine ganz andere sein. Dies wird von Godard in seinem Filmen dargestellt indem er nicht mehr einen kohärenten Diskurs aufzeigt, wie in der klassischen Narrative. In einem klassisch–narrativen Film ergibt alles was in diesem Film gesagt und gezeigt wird in dem jeweiligen Rahmen, in dem sich der Film bewegt, Sinn. Um ein Beispiel zu geben: alles was in Douglas Sirks Melodramen gezeigt wird, ergibt in dem dominanten Diskursen wie der Geschlechterrollen und der Mann-Frau Beziehung einen Sinn. Handlungen und Emotionen der Figuren können in diesem diskursiven Kontext interpretiert und verstanden werden. Godard hingegen führt in seinen Filmen viele verschiedene Diskurse ein, welche uns nicht mehr in einer kohärenten Erzählstruktur präsentiert werden. Die verschiedenen Diskurse, welche er beispielsweise in *Alphaville* behandelt, wie politische Diskurse, der humanistische Diskurs, der technische Diskurs der 60er-Jahre und der sprachphilosophische Diskurs, bilden keine Einheit mehr in der sich uns die Handlung des Filmes erschließt. Wir sehen seine Charaktere sich in den verschieden Diskursen bewegen. Einmal ist Lemmy der Agent, welcher sich prügelt, Humphrey Bogart imitiert oder sich selbst auf dieselbe Stufe mit Comic Helden setzt. Ein anderes Mal sehen wir ihn gemeinsam mit Natascha Poesie diskutieren und Eluard Gedicht zitieren. Godard präsentiert in *Alphaville* die Macht der Technik, die Macht der Sprache, den Surrealismus und vieles mehr, und führt darüber hinaus zahlreiche kulturhistorische Verweisen ein.

Ich kann als Zuschauer Godards Filme nicht als einen einzigen Diskurs erfahren, in dem alles Sinn ergibt. Es ergibt keinen Sinn wenn ich von einer Geschichte/Story ausgehe. Lasse ich mich jedoch auf die verschiedenen Diskurse ein, so ergibt es Sinn in dem jeweiligen Diskurs. Zusätzlich nutzt Godard die Distanzierung des Zuschauers, um ihm Raum für die Reflektion zu geben. Man könnte also sagen, dass Godards Filme der Strukturalistischen Realitätswahrnehmung sehr nahe kommen, in welcher alles in Diskursen strukturiert ist und es nicht eine objektive Realität gibt. Dieser Theorie zutragend ist die Tatsache, dass Godard in seinen Filmen die Macht der Sprache und des Unbewussten über die Macht der Logik zu stellen scheint. Besonders eindrucksvoll wird dies in *Alphaville, une étrange aventure de Lemmy Caution*, in welchem die Sprache nicht nur auf der Metaebene des Filmes wie in allen Godard Filmen eine besondere Bedeutung zukommt, sondern auch in der filmischen Handlung selbst zum Thema gemacht wird, beziehungsweise als strukturalistischer Diskurs aufgegriffen wird. In eben diesem Zusammenhang ist *Alphaville* „postmodern schon vor der Postmoderne" (Jansen in Theweleit S. 71) wie Peter W. Jansen registriert. Ebenso sehr wie in der vollständigen Transformierung von filmischen Bildern, wie jener aus den Ester Williams Filmen und anderen. An *Alphaville* wird somit deutlich erkennbar, dass die kritische Reflektion welche Godard anregen möchte, sich zu einem großen Teil auf eine Auseinandersetzung mit den Konventionen des Kinos bezieht. Einmal geschieht dies, indem er die filmischen Konventionen freilegt durch die Distanzierung des Zuschauers mit Hilfe verschiedener Methoden. So zum Beispiel mithilfe der speziellen Präsentation der Technik und der Montage. Dies wird in *Alphaville* beispielsweise daran sichtbar, dass Natascha und Lemmy in die Kamera sprechen und wir uns hierdurch der Kamera bewusst werden oder Godards Montagetechnik es möglich werden lässt, dass Natascha in *Alphaville* dreimal hinter unterschiedlichen Türen in Lemmys Hotelzimmer steht. Darüber hinaus bemüht sich Godard um die Irreführung des Zuschauers und um das Spiel mit unseren Erwartungen. Denken wir beispielsweise an die Verfolgungsjagd, die Parodierung von Genre Elementen und anderes, welche uns alle letztes Endes den Film als Konstrukt vor Augen führen sollen.

Darüber hinaus geht es Jean–Luc Godard in seinem Filmen auch darum eine Reflektion über allgemeine intellektuelle Fragen zu stimulieren. Er wendet sich dabei übergreifenden philosophischen Fragen zu, wie eben derjenigen danach, was menschlich ist, wie in *Alphaville* zu sehen. Eben jene Auseinandersetzung zeugt auch davon, dass Godard, auch wenn er Aspekte der strukturalistischen Bewegung anzunehmen scheint, diesen jedoch nicht kritiklos gegenübersteht. Dies wird insbesondere daran deutlich, dass Godard in der Figur Lemmys die Hoffnung darauf präsentiert, dass das Subjekt, ohne sich nach der strukturalistischen Sprachphilosophie auflösen zu müssen (vgl. Kapitel 2) fortbestehen kann, indem es die Macht der Sprache kritisch reflektiert. In *Alphaville* erkennt Lemmy wie vielleicht Godard selbst, dass er als Subjekt nur handelnder Agent bleiben kann, wenn er die Macht der Sprache erkennt, sie reflektiert und für seine Zwecke nutzt.

Zusammenfassen lässt sich feststellen, dass Godard mit der Präsentation der verschiedenen Diskurse, vor allem des strukturalistischen und humanistischen /surrealistischen Diskurses in *Alphaville*, mit unterschiedlichen Positionen experimentiert. Dies erweckt den Eindruck, als tue Godard dies um (möglicherweise) selbst herauszufinden ob er immer noch an den Humanismus und an das Subjekt glauben kann, ohne die Einwände der (post-) modernen Theorien dabei zu ignorieren.

Das Happy End in *Alphaville* und vor allen Dingen die Tatsache, dass Lemmy als Einziger von Godards Helden am Ende siegreich (er hat Alpha 60/Professor von Braun getötet und Nataschas Herz gewonnen) und unbeschadet aus der ganzen Geschichte hervorgeht, legt nahe, dass Godard zumindest in diesem Film Position für eine humanistische Haltung bezieht, welche die Hoffnung auf ein „Fortbestehen" des Subjektes anstelle einer (post-)strukturalistischen Auflösung hegt. Godard scheint also die Krise des Subjektes anzuerkennen, jedoch darauf zu vertrauen, dass die Reflektion diese Krise zumindest relativiert. Immerhin ist es um aus dem Diskurs ausbrechen zu können erst einmal notwendig zu verstehen, dass alles vom Diskurs durchdrungen und geprägt ist. Diese Annahme wird unterstützt von der Tatsache, dass Godard in *Alphaville* den Surrealismus stellvertretend für den Versuch, die Wirklichkeit zu übersteigen und aus dem Diskurs auszubrechen vorstellt.

Für eine weitergehende Beschäftigung wäre es interessant, die in dieser Arbeit für eines von Godards Frühwerken verfolgten Fragen, auf die spätere Entwicklung seines filmischen Schaffens zu übertragen, um so unter anderem die Verbindungen zwischen der Entwicklung des postmodernen Diskurses und Godards Filmen genauer zu analysieren

Abschließend bleibt festzuhalten, dass Godards Arbeit hierbei in all ihren Formen eine philosophische ist, welche versucht, wie ich einleitend schrieb, die Welt über die Grenzen der Sprache hinaus zu verstehen. Mithilfe von Bildeinstellungen, Montage und dem bei Godard besonders ausgeprägten Verhältnis von Ton und Bild, formt Godard eine Ästhetik des Kinos, welche das Kino nicht als Philosophie oder als einfachen Diener der oder als bildlichen Ausdruck der Philosophie betrachtet, sondern vielmehr als eine Möglichkeit sich dem schon in der Antike vorzufindenden Ideal einer Philosophie anzunähern, welches versuchte die Welt in einer Weise zu verstehen und zu beschreiben, die die Mängel der Sprache überschreitet (vgl. Vaughan, 2004). Seine Filme, im speziellen *Alphaville*, reflektierten das sprachphilosophische Dilemma, in dem wir in unserer Sprache gefangen sind und versuchen uns einen Weg aufzuzeigen dieses Dilemma anzugehen, indem wir beginnen darüber zu reflektieren und uns der Macht der Sprache bewusst werden.

Ich möchte meine Arbeit mit den Worten Susan Sontags abschließen:

„Godard is perhaps the only director today who is interested in „phi-
losophical films" and possesses an intelligence and discretion equal to
the task. Other directors have had their „views" on contemporary society and the nature of our humanity; and sometimes their films survive the
ideas they propose. Godard is the first director fully to grasp the fact
that, in order to deal seriously with ideas, one must create a new film
language for expressing them – if the ideas are to have any suppleness
and complexity." (Sontag, 2009, S. 207)

7 Literaturverzeichnis

Monographien

Bazin, Andre. 1972. *What is cinema? Volume 2. Essays selected and translated by Hugh Grant.* University of California Press, Berkeley.

Branston, Gill. 2000. *Cinema and Cultural Modernity.* Open University Press. Buckingham, Philadelphia.

de Saussure, Ferdinand. 1967. *Grundfragen der Allgemeinen Sprachwissenschaft.* Hrsg. v. Charles Bally und Albert Sechehaye. 2.Aufl., Berlin.

Freybourg, Anne Marie. 1996. *Bilder lesen, Visionen von Liebe und Politik bei Godard und Fassbinder.* Passagen Verlag Ges.m.b.H, Wien.

Godard, Jean-Luc. 1981. *Einführung in eine wahre Geschichte des Kinos.* Aus dem Französischen ins Deutsche übersetzt von Frieda Grafe und Enno Patalas. Carl Hanser Verlag München Wien, 1.Auflage.

Gustavsson, Bernt. 1994. *Världbilden.* Wahlström Widstrand, Smedjebacken.

Habermas, Jürgen. 1971. *Toward a Rational Society. Student Protest, Science and Politics.* Translated by Jeremy J. Shapiro, Beacon Press, Boston.

Hall, Stuart. 1997. *Cultural representations and signifying practices.* Edited by Stuart Hall. Sage, The Open University Press: London. Serie: Culture, media and identities, 2.

Kilbourn, Russell J. A. 2010. *Cinema, memory, modernity: the representation of memory from the art film to transnational cinema.* Routledge, New York.

Merten, Kai. 2004. *Antike Mythen - Mythos Antike. Posthumanistische Antikrezeption in englischsprachiger Lyrik der Gegenwart.* Wilhelm Fink Verlag, München, Herausgegeben von Ulrich Broich, Band 14.

Milne, Tom. 1972. *Godard on Godard. Critical Writings by Jean-Luc Godard edited by Jean Narboni and Tom Milne with an introduction by Richard Roud.* Da Capo Press, New York, London.

Monaco, James. 1981. *New Wave: Truffaut, Godard, Chabrol, Rohmer, Rivette.* 8th Reprint. Oxford University Press. Oxford.

Parain, Brice. 1969. *Untersuchungen über Natur und Funktion der Sprache.* Ernst Klett Verlag, Stuttgart.

Roud, Richard. 1968. *Jean-Luc Godard.* New York Doubleday, New York. Serie: Cinema world 1.

Sentürk, Ritvan. 2007. *Postmoderne Tendenzen im Film.* Dissertation aus dem Jahr 1998 im Fachbereich Medien/Kommunikation - Film und Fernsehen, Friedrich-Alexander-Universität Erlangen-Nürnberg, Grin Verlag; Auflage: 1. (15. Oktober 2007).

Silverman, Kaja, & Farocki, Harun. 1998. Speaking about Godard: with a forword by Constance Penley. *New York University Press, New York and London.*

Sontag, Susan. 2009. *Against Interpretation and other Essays.* Penguin Classics, Printed in England by Clays LDt, St. Ives plc.

Sterrit, David. 1999. *The Films of Jean Luc Godard. Seeing the Invisible.* Cambridge University Press, New York. Serie: Cambridge Film.

Sturrock, John. 1982. *Structuralism and Since. From Levi Strauss to Derrida.* Oxford University Press, Oxford.

Theweleit, Klaus. 2003. *Deutschlandfilme. Godard. Hitchcock. Pasolini. Filmdenken und Gewalt.* Stroemfeld/ Roter Stern, Frankfurt am Main und Basel.

Wollen, Peter. 1972. *Signs and Meaning in the Cinema. (New and enlarged).* Indiana University Press, Bloomington.

Sammelbände

Baccolini, Raffaela, & Moylan, Thomas. 2003. Dystopia and Hystories. *In Dark Horizons. Science Fiction and the Dystopian Imagination Hg.Ders. New York.*

Curran, Angela. 2011. Bertolt Brecht. *In: The Routledge Companion to Philosphy and Film. eds: Paisley Livingston and Carl Platinga, Routledge London and New York.*

Fahle, Oliver. 2003. Minoritäre Diskurse und ortlose Bilder: die Filme Jean-Luc Godards in den 60er Jahren. *In: Diskursgeschichte der Medien nach 1945: Bd. 2, Medienkultur der 60er Jahre, Irmela Schneider ; Torsten Hahn ; Christina Bartz (Herausgeber). Westdt. Verl., Wiesbaden.*

Kania, Andrew. 2011. Realism. *In: The Routledge Companion to Philosphy and Film. eds: Paisley Livingston and Carl Platinga, Routledge London and New York.*

Artikel

Landy, Marcia. 2001. Just an Image: Godard, Cinema, and Philospohy. *Critical Quaterly 43, No.3, S.9-31.*

Thiher, Allen. 1976. Postmodern Dilemmas: Godard's Alphaville and Two or Three Things That I Know about Her. *Boundary 2, Vol. 4, No. 3. (Spring, 1976): 947 - 964.*

Online-Artikel

Babula, Ryan. 2012. *The politics of pre-political Godard: Alphaville, Made in USA. The Cine-Files.* Spring 2012, Issue 2. Online im Internet: `http://www.thecine-files.com/past-issues/spring-2012-issue/featured-articles/politicsgodard/` [Stand: 03.05.2013].

Beller, Hans. 1999. *Aspekte der Filmmontag. Eine Art Einführung.* In: Handbuch der Filmmonatge. Praxis und Prinzipien des Filmschnitt. München, 3. durchgesehene Auflage, S.9-32. Online im Internet: `http://www.mediaculture-online.de` [Stand: 21.03.2013].

Busler, Christine Michaela. 2008. *Über elliptische Konstruktionen im gesprochenen Deutsch.* Magisterarbeit an der Unversität Hannover. Online im Internet: `http://www.germanistik.uni-hannover.de/fileadmin/deutsches_seminar/publikationen/HAL/hal-6.pdf` [Stand: 06.04.2013].

Dörner, Dietrich. 1976. *Sprache und Denken.* In: Verhandlungen der Academia Leopoldina zu Halle/Saale Ãber das Symposium "Naturwissenschaftliche Linguistik"(Juli 1976). Halle. Online im Internet: `www.psychologie.uni-heidelberg.de/denken/Enz_12_SpracheDenken` [Stand: 14.04.2013].

Elsässer, Thomas. 2000. *Wie der frühe Film zum Erzählkino wurde. Vom kollektiven Publikum zum individuellen Zuschauer.* In: Irmbert Schenk (Hg): Erlebnisort Kino. Marburg: Schüren 200, S.34-54. Online im Internet: `www.filmportal.de` [Stand: 25.03.2013].

Franck, Katharina. 2010. *'The future is a thing of the past' - Untersuchungen zur Geschichte des dystopischen Films*. Diplomarbeit an der Universität Wien. Online im Internet: othes.univie.ac.at/10068/1/2010-05-27_0547917. pdf [Stand: 17.03.2013].

Franke, Christine. 2004. *Von Freud zu Lacan: Die strukturalistsiche Wende der Pyschoanalyse*. Freie Universität Berlin. Online im Internet: www. geisteswissenschaften.fu-berlin.de [Stand: 22.02.2013].

Gunning, Tom. 1997. *The Cinema of Attractions: Early Film, It's Spectator and the Avant-Garde*. In: Early Cinema. Hg. v. Thomas Elsaesser, London. Online im Internet: http://scholar.google.com/scholar_url?hl=de&q=http: //www.columbia.edu/itc/film/gaines/historiography/ Gunning.pdf&sa=X&scisig=AAGBfm3eg_BySnlwizYUXsO3h1l5_ OiUgA&oi=scholarr [Stand: 13.02.2013].

Hartmann, Kaluza, & Rakic. 2008. *Repräsentation*. MedienKulturWiki vom 16. Mai. Online im Internet: http://www.leuphana.de [Stand: 21.01.2013].

Jungen, Christian. 2012. *Ich werde nicht gern mit Picasso verglichen - er malte zu viele Teller*. Neue Züricher Zeitung vom 7. November 2010. Online im Internet: http://www.nzz.ch/aktuell/feuilleton/uebersicht/ ich-werde-nicht-gern-mit-picasso-verglichen--er-malte-. zu-viele-teller-1.8293071 [Stand: 15.01.2013].

Lalanne, Jean-Marc. 2010. *The Right of the Author? An Author Has Only Duties*. In: Les inrockuptitels, May 18th 2010. Online im Internet: http://cinemasparagus.blogspot.se/2010/05/ jean-luc-godard-interviewed-by-jean.html [Stand: 13.04.2013].

Leisen, Johannes. 2013. *Surrealistischer Film*. In: 35Millimeter: Texte zur internationalen Filmkunst. Online im Internet: http://www. 35millimeter.de/archiv/filmgeschichte/frankreich/1928/ surrealistischer-film.78.htm [Stand: 03.05.2013].

Madan, Anja. 2010. *The Language of Emotion in Godard's Films*. In: Cineaction 80. Online im Internet: http://cineaction.ca/issue80sample.htm [Stand: 18.04.2013].

Stirn, Alexander. 2012. *100 Jahre Wernher von Braun. Moralische Bedenken waren uns fremd*. In: Süddeutsche Zeitung Online vom 23. März 2012. Online im Internet: http://www.sueddeutsche.de/wissen/

jahre-wernher-von-braun-moralische-bedenken-waren-uns.
-fremd-1.1315461 [Stand: 11.04.2013].

Travers, James. 2011. *Alphaville (1965) - film review.* Films de france. Online
im Internet: `http://filmsdefrance.com/FDF_Alphaville_rev.html`
[Stand: 11.03.2013].

Utterson, Andrew. 2008. *Tarzan vs. IBM, Humans and Computers in Jean Luc
Godards Alphaville.* In: Film Criticism H 1 Jg.33. Online im Internet: `http:`
`//www.highbeam.com/doc/1G1-194547867.html` [Stand: 16.04.2013].

Vahabzadeh, Susan. 2012. *Der unheimliche Gast. Streit um Ehrenos-
car für Godard.* In: Süddeutsche Zeitung vom 2. November 2010.
Online im Internet: `http://www.sueddeutsche.de/kultur/`
`streit-um-ehren-oscar-fuer-godard-der-unheimliche-gast-.`
`11018788` [Stand: 15.01.2013].

Vaughan, Hunter. 2004. *The Space Between: Reconciliation and Reflection of Subject
and Object in Industrial Society and Cinematic Aesthetics (Deux ou Trois Choses
que Je Sais d'Elle).* In: The film journal. Online im Internet: `http://www.`
`thefilmjournal.com/issue9/spacebetween.html` [Stand: 07.03.2013].

von Keitz, Ursula. 2012. *Formalismus.* In: Lexikon der Filmbegriffe. Online
im Internet: `http://filmlexikon.uni-kiel.de/index.php?action=`
`lexikon&tag=det&id=5564` [Stand: 05.05.2013].